GASTON JOLLIVET

L'ART DE VIVRE

PARIS

MAISON QUANTIN

COMPAGNIE GÉNÉRALE D'IMPRESSION ET D'ÉDITION

7, rue Saint-Benoît

—

1887

L'ART DE VIVRE

GASTON JOLLIVET

L'ART DE VIVRE

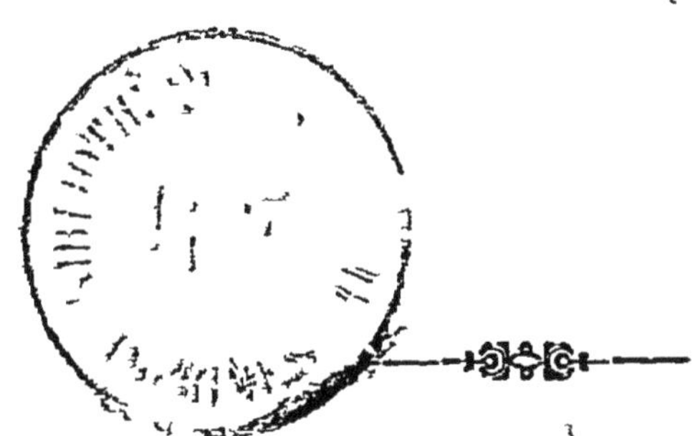

PARIS

MAISON QUANTIN

COMPAGNIE GÉNÉRALE D'IMPRESSION ET D'ÉDITION

7, rue Saint-Benoît

1887

NOTE DE L'AUTEUR

Notre époque a beau se croire égalitaire, la tendance de la société française est au raffiné en tout genre. C'est peut-être même un des effets de la démocratie, de provoquer, comme un choc en retour, ces partis pris de sélection à outrance qu'on observe de jour en jour davantage dans le monde. A la promiscuité des réunions publiques, on répond par l'exclusivisme des coteries. La lutte pour la vie, plus âpre que jamais dans les classes laborieuses, a pour corollaire, dans les classes aisées, ce qu'on a appelé ingénieusement « la lutte pour la haute-vie », *struggle for high-life*.

L'art de vivre et de bien vivre est donc plus

actuel que jamais. Reste à connaître les lois de cet art difficile. C'est ce que l'auteur de ce livre a essayé de noter au passage, dans les diverses manifestations de la vie mondaine, depuis l'éducation des enfants jusqu'au bal costumé, depuis la façon dont on lance un cerf jusqu'à celle dont on fait ses aumônes.

Le seul mérite de l'auteur est d'avoir écrit sous la dictée de personnes bien placées pour donner leur avis sur ces divers objets. Il n'en dira pas davantage sur son compte ; la sobriété, quand on parle de soi, étant une des plus sages pratiques de l'*Art de vivre*.

I

LES ENFANTS

PRENONS les choses *ab ovo;* il est d'u-
sage que des espérances de quatre ou
cinq mois soient communiquées à la famille.
Cela ne s'écrit que dans les cas exception-
nels. Cela se dit. La naissance d'un enfant
est annoncée au plus vite. Les plus proches
parents, les amis intimes sont avisés de
l'heureux événement; un domestique est
chargé d'aller l'annoncer, et il est d'usage
d'étrenner la bonne nouvelle par un
pourboire.

Dans le faubourg Saint-Germain, quand
une jeune femme a l'heur de mettre au
monde l'héritier du titre de la famille, un
dauphin, elle reçoit du chef de la maison,
son beau-père ou son mari, quelque cadeau
remarquable. C'est un rubis, un saphir ou
une fleur en diamants. Pour une fille ou
un cadet, le mari seul offre un présent
proportionné à ses moyens et à son contentement.

Après une dizaine de jours, la jeune
femme commence à recevoir les membres
de sa famille, les amis intimes; mais ce
n'est qu'après trois semaines que l'envoi
d'un petit billet *ad hoc* avise le public de
la naissance. Sous-entendu : Venez féli-
citer. Et alors tout Paris de défiler auprès
d'une chaise longue où trône la jeune
accouchée couverte de satin, de rubans, de
dentelles, d'un peu de diamants et coiffée
d'un soupçon de bonnet qui se frise en
toquet... placé sur le côté de la tête... Elle
reçoit de deux heures à cinq heures. Un

lunch est préparé : on y croque des sand-
wiches et l'on bavarde languissamment.

Mais le grand sujet d'intérêt est le
nouveau-né. Une sonnette tinte souvent,
sur la requête des visiteuses, et la garde,
vêtue d'une superbe robe de soie qu'il est
d'usage de lui donner pour l'occasion,
apporte le baby.

La nourrice emboîte le pas. Elle aussi
porte la livrée de l'enfant. Pour un garçon, on met tout en bleu, la toilette de la
mère, le berceau de l'enfant, les rubans de
la nourrice. Pour une fille, tout en rose. Le
baby lui-même est toujours vêtu de blanc.
Ce n'est qu'après son baptême qu'apparaît
une ceinture ou une pelisse bleue.

Cette cérémonie du baptême est purement religieuse. Quelquefois, à la campagne, on baptise solennellement un enfant
et un grand dîner suit; mais, à Paris, les
grands-parents sont seuls invités avec les
parrain et marraine. Pour le premier
enfant, la grand'mère maternelle et le

grand-père du côté opposé sont choisis. C'est *vice versa* pour le second. A leur défaut, on choisit les oncles ou tantes les plus rapprochés. Parrain et marraine s'offrent réciproquement un cadeau, et la marraine en fait un à la mère de l'enfant et à l'enfant lui-même. Ce dernier présent est invariablement une timbale ou une écuelle de vermeil. Le parrain envoie à la marraine et à la mère une centaine de boîtes de dragées pour les distribuer aux parents et aux amis.

Chaque jour le baby va se promener au bois de Boulogne avec la garde et la nourrice. Aussitôt que cette dernière s'en va, on lui donne une gouvernante. Jamais un enfant n'est confié aux seuls soins de sa nourrice. Il ne doit sortir qu'accompagné de deux personnes.

En France, les enfants mangent à table avec leurs parents de très bonne heure. Un valet de pied leur coupe leur viande, les sert particulièrement, et la mère n'a qu'à désigner d'avance ceux des plats du dîner qui doivent leur être servis. Mais l'enfant français est bien au-dessous, comme dressage, du baby anglais. Il ne sait pas faire sa révérence à point nommé, se dissimuler discrètement avec un livre d'images, quitter le salon sans un murmure...

La *nursery* en Angleterre est non seulement la chambre des enfants, c'est encore une école de belles manières. Les enfants ne sont jamais livrés à eux-mêmes. Du matin au soir on les groupe, on les amuse, on les endoctrine. Ces méthodes commencent à être imitées en France ; mais pour les appliquer avec quelque succès, il faut confier les enfants dès leur naissance à une gouvernante anglaise. Jamais on n'obtiendrait d'une Française la minutie de soins et la méthode qui sont naturellement la manière de faire des Anglaises.

Voici quel est l'ordre habituel de la journée.

D'abord la *nursery* se compose de

deux vastes pièces et d'une plus petite qui sert de cabinet de toilette à la gouvernante et qui est son appartement particulier. L'une des autres contient les lits de la gouvernante et des enfants, et la troisième se nomme le *day nursery*. On s'y tient dans la journée.

A sept heures en été, sitôt le jour venu en hiver, la gouvernante allume le feu qui a été préparé la veille. Elle trouve à la porte les *cans* (arrosoirs d'eau chaude). Elle baigne et habille les enfants, et pendant ce temps, un valet de pied allume le feu et prépare le déjeuner dans la pièce voisine. Après la prière dite en commun, les enfants déjeunent. Le matin, ils mettent des robes très simples, en flanelle rose, bleue ou rouge, recouvertes de tabliers brodés. Une sonnette va de la chambre de la mère à la *nursery*, et aussitôt qu'elle a tinté, les enfants descendent. Jamais leur gouvernante ne reste avec eux quand ils sont chez leur mère. Une Anglaise ne commettrait pas une semblable indiscrétion.

Elle ne voudrait pas non plus s'asseoir à la table des gens. La meilleure combinaison est de la faire servir à part, dans l'office, en même temps que le dîner de la salle à manger. Si les enfants ne mangent pas à table, elle est servie dans leur appartement avec eux. Vers dix heures, les enfants sortent, — à pied le plus souvent; — ils rentrent pour déjeuner, et dans l'après-midi, on les mène en voiture au bois de Boulogne, ils vont prendre du lait au pré Catelan et rentrent au jour tombant seulement.

Alors la *nursery* est éclairée de lampes voilées d'abat-jour roses, et le thé est préparé. C'est le seul repas du soir des enfants très jeunes. Jusqu'à trois ans, ils prennent une tasse de lait avec un peu d'eau chaude décorée du nom de thé, du pain grillé et un œuf à la coque. C'est une institution que le thé de cinq heures dans une *nursery*.

On y invite son papa ou sa maman, sa grand'mère, un grand ami privilégié. Théière, tasses, assiettes, nappes, tout est choisi pour amuser les babys. Rien n'est gentil comme ces petits services décorés de scènes enfantines, signés Kate Greenaway, les serviettes carrées avec des devises badines, la nappe brodée de bonshommes ou d'animaux.

Les babys trônent sur leurs grandes chaises, dissertent et pérorent. Joie parfaite. A déjeuner, à dîner, pas un mot n'est permis. Ils doivent répondre quand on leur adresse la parole. C'est tout. Mais un des détails chéris du *home* en Angleterre, c'est le *sociable cup of tea*, et loin de son pays, l'Anglais ressuscite cet usage. La plus douce gaieté règne donc autour de la table. Les grands racontent leurs espérances d'un air entendu; les petits écoutent bouche bée. On commente les incidents de la promenade. Jamais on n'est à court de sujets d'entretien, et si maman arrive, quelle joie! Contentement parfait si elle accepte de prendre part au régal; C'est à qui lui tirera une chaise, lui versera du thé, le sucrera, se rôtira la figure à lu griller du pain. C'est une des bonnes heures de la journée ; aussi, dans leurs détresses et leurs petits chagrins, on entend les pauvres babys : *I want my tea!* C'est la perspective la plus réconfortante.

Mais les meilleures choses ont une fin. On sonne pour que tout soit emporté, et alors on se réunit de nouveau autour de la table. Une collection de livres d'images, des bergeries, des arches de Noé, des ménageries, des boîtes de construction alors couvrent la table et les petites langues vont leur train. Les enfants apprennent et récitent de petites poésies enfantines, — les *Nursery rhymes*. On leur enseigne à chanter des parties et à reconnaître les images de l'Histoire sainte. Ainsi s'avance la soirée. Souvent, vers sept heures et demie, on les habille pour les descendre à la salle à manger, au dessert. La prière en commun, puis le coucher, et la mère vient, le soir, baiser les petits fronts blancs reposant paisiblement, à demi enfouis dans les oreillers, au milieu des boucles blondes ébouriffées.

L'enfant élevé d'après la tradition française est plus gâté et moins heureux. Il sert de distraction à ses parents. A chaque instant on le trouve au salon, il le jonche de ses jouets, s'amuse bruyamment au milieu des conversations, y prend part, dit cent bêtises et finit, à force de naïve audace, par devenir redoutable. Un jour, une petite fille de quatre ans, questionnée sur ses préférences parmi les habitués du salon de sa mère, répond sans hésiter: « Moi, je suis comme maman, c'est le dernier monsieur que j'aime toujours le mieux ! » Tableau !...

Le matin et dans sa chambre, l'enfant français use ses vieilles robes; on lui fait faire de superbes toilettes dans lesquelles il est gêné, embarrassé, et dont il tire une ridicule petite vanité. Sa mère sort-elle en toilette, l'enfant l'accompagne et, au lieu de s'ébattre librement au soleil, de prendre un exercice salutaire, il va de salon en salon, bourré de bonbons partout et régalé de compliments aussi détestables pour son caractère que le sont les sucreries pour son estomac. Quelquefois il attend sa mère dans la voiture et s'occupe à faire des grimaces aux passants à travers la glace de la portière.

Et c'est en vain que l'on tâchera de faire concevoir à la mère les inconvénients de cette existence greffée sur la sienne. Elle pose dans sa maternité, elle s'y pavane et s'en délecte. Elle ne saurait, dit-elle, se passer de son amour chéri, de son trésor adoré. Le monde ne lui est de rien sans lui... il lui faut sa présence perpétuelle. Il est resté un peu de Jean-Jacques Rousseau dans la mère française. Le pauvre enfant est donc à la remorque de ses plaisirs. C'est un objet de distraction et d'amusement. Il s'en venge en devenant un despote, un tyran grognon. Il s'ennuie souvent; — il s'en prend aux autres, — se fait détester des domestiques obligés de subir ses caprices, pleure continuellement et est sans cesse grondé et puni.

Il grandit; ses toilettes de baby ne lui vont plus. Son âge vieillit sa mère; il est relégué dans sa chambre de plus en plus. N'y ayant ni ses habitudes ni ses plaisirs, il se sent exilé. D'ailleurs, la variété, l'absence de règle et de fixité dans sa vie l'ont rendu capricieux; il ne sait pas s'amuser; il n'a point l'habitude de s'occuper, et ses premières leçons sont de terribles luttes dans lesquelles la malheureuse institutrice doit le capturer comme un petit cheval sauvage. On se fatigue des scènes et des plaintes, on le met au collège ou au couvent, et il est parfaitement malheureux. Une mère intelligente sait éviter ces inconvénients, ses enfants ont une existence ordonnée et régulière. Repas, promenades, amusements, tout est prévu et se fait à heure fixe. Les mille obligations de sa vie mondaine n'interviennent en aucune façon avec ce train de vie. Elle les garde auprès d'elle le matin, et dans la soirée va de préférence les voir chez eux, de crainte de voir arriver des visites qui les obligeraient à remonter.

Elle les habille d'une façon uniforme — point de toilettes de gala, — mais des habits dans lesquels ils peuvent jouer, s'amuser, se rouler dans le sable. Rien n'est moins dispendieux que des petites robes décolletées, courtes et sans manches, dont la façon est on ne peut plus simple et qui s'égayent du plus petit ruban noué aux épaules. Pour l'après-midi, ces robes seront en tartan, en drap, en velours anglais l'hiver; l'été, en toile écrue, en jaconas avec une petite broderie. Pour sortir, un paletot bien coupé en drap; l'été, pareil à la robe. Avec un peu d'intelligence et d'entente, pour mille francs par an on peut avoir des enfants admirablement tenus, et le chiffre est très large et permet un soin extrême dans les détails.

Si sa situation de fortune le permet, elle les fera mener en voiture au bois de Boulogne, tous les jours; sinon ils iront se promener aux Tuileries, mais leurs sorties seront pour prendre l'air et l'exercice nécessaire à leur santé. Enfin, elle mettra auprès d'eux une personne intelligente, les écartera du monde, de ses vanités, de son jargon, de ses conventionnalités, et leur donnera ce qui est l'idéal pour l'éducation, — la liberté dans un milieu sain.

Il y aurait cependant un écueil à signaler dans l'éducation anglaise. Les enfants sont souvent trop peu nourris et trop peu couverts. Le système de la suppression du dîner n'est bon que jusqu'à trois ans au plus. Ensuite, je trouve que les enfants doivent prendre un repas au moins avec leurs parents — et savoir parler français.

— Il est ridicule de pousser l'anglomanie

jusqu'à les empêcher de savoir leur propre langue, et ce cas est très fréquent.

En résumé, l'enfant ne saurait trop être entouré de soins intelligents et de chaque minute pour qu'on ne puisse pas dire de lui avec Dumas : « Quel dommage que ça devienne un homme ! »

II

L'ÉDUCATION DES ENFANTS

———

LES FILLES

VERS l'âge de neuf ou dix ans, quand arrive le moment de suivre les cours et les catéchismes, on donne aux jeunes filles une gouvernante, et alors commence pour elles une existence toute différente de celle de la *nursery*; en d'autres termes, la jeune fille sort des mains des bonnes.

Qu'est-ce qu'une gouvernante? Dans la

hiérarchie du ménage, elle tient le milieu entre la femme de chambre et l'institutrice. Elle n'est tenue à aucun des menus offices dévolus à la première et elle ne mange pas à table comme la seconde, mais elle est avant tout une femme de confiance qu'on ne saurait choisir avec trop de soin.

C'est avec leurs gouvernantes que les jeunes filles vont se promener à pied ; cette promenade se fait de préférence dans les grandes avenues peu fréquentées. Beaucoup de mères hésitent à laisser leurs filles se promener aux Champs-Élysées et encore moins sur les boulevards.

A partir de l'âge que nous venons de mentionner, la simplicité est de règle pour la toilette. Plus de robes de velours, de grandes ceintures nouées en papillons, de colliers chargés de médaillons. Les robes seront sombres et montantes, à coupe un peu puritaine, en laine, en alpaga, en jaconas. Plus de frisure, les cheveux nattés. Cette promotion n'est pas toujours agréable à la pauvre petite, mais il faut qu'elle se fasse une raison; le sérieux de l'éducation commence.

Donc tout d'abord il faut songer à lui orner le cœur et l'esprit. C'est assez dire que le choix d'une institutrice est aussi délicat que celui d'une gouvernante. Si l'on veut une instruction très complète, on prend une Française formée dans un des cours que fréquentent de préférence les gens du monde, celui de M. Prat ou de M. Rémy par exemple. Munie de ses diplômes, façonnée à la routine des études appropriées à l'intelligence des jeunes filles, cette institutrice aura un cours complet dans la tête, et si elle procède avec méthode, son élève pourra, à seize ans, affronter l'épreuve du premier examen.

Mais beaucoup de parents — à la vérité le plus grand nombre — se soucient infiniment plus de l'éducation de leurs filles que de leur instruction, et tiennent à placer près d'elles une personne capable de former leur conversation et leurs manières. Dans ce cas, on prend souvent une Anglaise élevée dans un des couvents catholiques de Londres ou de Northampton. On a ainsi des chances de mettre la main sur une véritable « lady », c'est-à-dire sur une personne digne de tenir sa place dans n'importe quel milieu, appartenant même quelquefois à une famille de *landed gentry*, petite aristocratie terrienne. C'est pourquoi on voit souvent en France le spectacle comique d'une institutrice très comme il faut côte à côte avec une mère qui ne l'est pas du tout. Et alors les filles prennent un terme moyen, ce qui donne quelquefois les résultats les plus bizarres.

Les jeunes filles ne paraissent pas quand leurs parents reçoivent *in fiocchi*. On les admet aux dîners intimes, mais ce n'est qu'à dix-sept ans qu'elles prennent place aux dîners priés et qu'on les voit aux réceptions.

A dix-huit ans, elles font leur début

dans le monde. On commence par les mener à l'Opéra; puis elles vont aux réceptions de carême et aux bals.

Il est d'usage qu'une jeune fille mette une toilette toute blanche pour ses débuts et qu'on la mène au préalable dans la journée faire une tournée de visites aux jours des personnes âgées amies ou parentes de sa famille.

Dans les familles titrées, l'aînée fille de l'aîné s'appelle Mlle de... simplement. C'est ainsi qu'on l'annonce dans le monde et qu'on fait part de son mariage. Quand il y a deux noms patronymiques ou que le père porte un titre différent de son nom, deux sœurs portent également quelquefois deux noms différents. Ainsi Mlle de Noailles et Mlle d'Ayen seront filles des mêmes père et mère. D'autres fois, il y a une alternance. Chez les Luynes et les d'Uzès, une génération s'appelle Luynes, l'autre Chevreuse. De même, Crussol et d'Uzès.

Jamais une jeune fille du monde n'a de

cartes gravées. Sa mère écrit son nom sur la sienne. Il est admis aussi qu'elle ne doit pas ouvrir elle-même une lettre. On remet la lettre à sa mère, qui la lui donne ouverte ou fermée, selon qu'elle en connaît ou non la provenance. Une jeune fille ne porte pas de bijoux. Un petit fil de perles est toléré cependant. On ne la mène jamais dans d'autres théâtres que l'Opéra, les Français et l'Opéra-Comique. Aux courses très exceptionnellement, mais le retour des courses aux Champs-Élysées est permis. De même, la promenade dans l'allée des Acacias. Le matin, elle monte à cheval avec son père ou va se promener avec son frère, si elle en a un, en poney-chaise. Il y a dix ans, on ne lui aurait pas confié les rênes, mais aujourd'hui Rotten-row a passé la Manche.

Jadis, cela frisait sainte Catherine de n'être pas mariée à dix-neuf ans. Aujourd'hui, la jeune fille est plus consultée, plus souvent appelée à choisir elle-même sa destinée qu'autrefois. Aussi n'est-il pas rare de voir des jeunes filles ne se décider que relativement tard.

LES GARÇONS

Lorsque l'enfant mâle est sorti des mains des femmes et qu'il est en âge de recevoir une instruction plus complète que l'alphabet épelé sous le doigt maternel, deux systèmes se trouvent en présence, le collège ou le préceptorat.

Dans les milieux où l'on tient par-dessus tout à l'enseignement religieux, les collèges à la mode sont, à Paris, l'établissement de la rue de Madrid et Stanislas. Juilly, aux environs de Paris, est également en faveur. Enfin, depuis les décrets qui ont dispersé certains ordres religieux enseignants, beaucoup de parents français envoient leurs fils chez les jésuites à Cantorbéry, en Angleterre. Cette maison d'éducation a contre elle l'éloignement; mais, en revanche, elle assure, paraît-il, aux enfants des avantages hygiéniques appréciables.

Le système du précepteur à la maison est généralement du goût de l'enfant, la tutelle étant plus bénigne et les congés plus fréquents. Mais les bienfaits de l'émulation n'y trouvent pas leur emploi. On essaye de parer à cet inconvénient, dans plusieurs familles, en combinant les heures de leçon de telle sorte que l'enfant puisse suivre les cours des collèges de l'État, en qualité d'externe, et se mesurer ainsi avec des jeunes gens de son âge.

Mais, encore une fois, nous ne recommandons pas cette pratique, sauf dans les débuts et pour les basses classes. Il y a un âge de transition à ménager et l'adolescence est exposée à certains écueils sur lesquels nous n'aurons pas à insister. Une escapade est toujours facile quand le précepteur a le dos tourné, et des jambes de quinze ans sautent aisément par-dessus les règles qui veulent que jusqu'à l'âge de dix-huit ans, dans les familles où la tradition joue un rôle, on ne permette pas les sorties indépendantes.

Dans ces mêmes milieux, les garçons paraissent toujours à table aux grands dîners. On saisit même avec joie l'occasion de policer ainsi son héritier par le contact du monde.

Quant à la cérémonie du baise-mains, qui est devenue depuis quelques années le complément de l'éducation masculine, il y a là-dessus des règles qu'on enseigne de bonne heure. On ne baise les mains qu'aux parentes, aux femmes âgées ou à celles avec lesquelles on est uni par d'anciennes relations d'amitié ou de famille.

Inutile d'insister sur les arts d'agrément. On les enseigne de bonne heure aux garçons, surtout l'équitation. A partir de l'âge de neuf ou dix ans, on met ses héritiers à cheval, mais avec précaution. Gardé par son hack, sa selle, sa bride, surveillé par un professeur et un homme de manège, l'enfant ne risque pas de *come to grief*, comme disent les écuyers anglais. D'ailleurs, sur le chapitre de l'équitation, les mères elles-mêmes cachent leurs transes quand elles en éprouvent pour ne pas entraver les progrès de l'élève. Quelle est, à l'heure actuelle, la mère de famille dans l'aristocratie ou dans la haute bourgeoisie qui ne rêve pas de faire de son fils un officier de cavalerie?

III

PREMIÈRES COMMUNIONS

Dès le commencement de mai, les premières communions s'abattent sur Paris comme un gentil vol d'oiseaux blancs. On les rencontre serrant frileusement leurs voiles de mousseline sur les épaules. Elles vont à l'église, elles en viennent. Elles sont allées chez une protectrice, chez une grand'mère qui ne sort plus, leur apporter l'étrenne de leur innocence, du sourire mystique où se reflète le bonheur de la visite au bon Dieu.

Dans les grandes demeures où l'enfant, choyé, adoré, est élevé comme une délicate plante de serre chaude, ce grand jour solennel et sacré est précédé par ceux de la retraite. Presque toujours les enfants riches vont à pied à l'église. Une délicate pudeur des richesses et des aises de la vie veut qu'on ne doive pas les distinguer des enfants du déshérité, leurs égaux devant Dieu. Voilà ce que la mère explique et ce que l'enfant comprend vite Les lois de l'égalité chrétienne sont choses d'instinct.

On va à la retraite, le garçon en petite veste, la petite fille les cheveux flottants, portant sa première robe longue. On se hâte. On arrive à sa place. On écoute attentivement le sermon. On échange entre amies quelques images signées de son nom, avec « Tendre souvenir de notre première communion ». On est silencieux, front baissé. L'abbé, le myope qui y voit si bien, passe et vient dire de sa voix là plus onctueuse : « Un grand recueillement, mes chers enfants ! »

La veille, c'est la confession et l'absolution. Que d'innocentes larmes versées ! Que de repentirs profonds et pour si peu !

L'exercice du soir, la seconde séance de la retraite, est consacré tout entier à rasséréner ces pauvres petites âmes troublées. L'abbé exhorte les enfants, les plaisante doucement, leur défend de se trouver mal le grand jour, indique les pages du manuel qu'il faut marquer pour le lendemain, se moque des étourdis qui commettent mille bévues sous l'empire de l'émotion, et les petits visages pâlis se colorent. On sera brave demain.

On rentre à la maison. Après dîner, la famille est réunie à l'heure de la tendre intimité du soir. L'enfant est prévenu. Il sait ce qu'il doit faire. Il s'approche de son père : « Papa, mon père, je vous demande pardon de tout ce que j'ai fait de mal à vous, et à maman. » Elle est à genoux derrière lui, maman. Solidaire de son enfant, elle demande aussi bien pardon en son nom... On pleure... On est très heureux.

Puis, on va se coucher après une prière un peu plus longue que de coutume. Souvent un petit chuchotement sous des rideaux bleus et blancs : « Dors tranquille, mon amour. Tu sais, ton bonnet est arrivé. »

Le matin, à sept heures et demie, la grande voiture piaffe sous la voûte. Le cocher et le valet de pied ont des bouquets blancs. Toutes voiles dehors. La première communiante et sa mère y montent seules. L'enfant tout en mousseline blanche, rigoureusement simple, un petit bonnet de tulle blanc, le voile épinglé dessus, un chapelet en cristal de roche au bras, un livre couvert de moire blanche, la jupe tombant jusqu'aux pieds. C'est bien embarrassant, mais on s'y fait.

La famille, père, frères, sœurs, viendra pour le défilé à neuf heures dans le landau.

La mère a une toilette riche, mais sévère, prune ou saphir, un peu vieille pour son âge. Elle sourit, les yeux humides. Les enfants se réunissent dans la chapelle des catéchismes. On ne reconnaît plus les amies sous leur voile. Cela intrigue, on cherche, on parle à des inconnus. Mais silence! les chants commencent.

Les deux grandes dignités sont celles d'intendant et d'intendante. Les mamans les convoitent avec âpreté pour leurs rejetons. Ces hauts dignitaires sont choisis parmi les premiers du catéchisme. L'intendant et l'intendante vont à l'Offrande, présentent le pain bénit à l'autel et mettent une pièce d'or dans le plat d'argent.

Le grand moment arrive. Les orgues versent des torrents d'harmonie, l'encens fume, les jeunes têtes s'inclinent. Dans l'enceinte réservée où se pressent les parents, que d'innocentes supplications, que de ferventes prières montent vers le ciel!

La sortie est un peu tumultueuse; un

grand · déjeuner réunit à la maison toute la famille. La première communiante occupe la place d'honneur. Le repas est grave, presque silencieux. Ensuite, au salon, exhibition des cadeaux. On donne des livres, des objets de piété, des tableaux, des gravures de sainteté. Un grand luxe y est souvent déployé.

Dans l'après-midi, on fait une ou deux visites et l'on retourne ensuite, à l'église. Puis, le soleil se couche sur le doux souvenir d'un beau jour, tout parfumé de paix, d'innocence et d'amour, un souvenir reposant, comme nimbé d'une lumière toute blanche.

IV

LE MARIAGE.

POUR se créer une maison agréable, on n'a encore rien trouvé de mieux que le mariage. Seulement, c'est le cas de le dire, cherchez la femme. Pour la découvrir, le tact le plus fin, l'intelligence la plus lumineuse trouveront tout leur emploi. Le cœur, l'âme, l'esprit, l'éducation d'une jeune fille sont, pour le jeune homme à marier, aussi mystérieux que la caverne des quarante voleurs, car le *Sésame, ouvre-toi !* qui livre l'accès du mariage n'est trop souvent qu'une incantation périlleuse pour l'enchanteur.

Règle générale pour le jeune homme à marier : se méfier des milieux très provinciaux, très austères, où l'on pratique l'alpaga pour vêtement et la confiture pour dessert. L'inexpérience du monde, qui sera le lot de la jeune fille élevée dans de pareilles conditions, offre de graves inconvénients. Il faut avoir été prise toute petite, pour être initiée à la stratégie qu'exige le rôle de femme mariée à Paris. Une jeune fille a-t-elle été élevée, même très soigneusement, dans une ville de province, Nantes, Poitiers, Toulouse, il y a gros à parier qu'elle partira pour la conquête de Paris avec toute l'audace de Perrette et toute la déveine de son pot au lait. Cela s'est vu.

Le plus sage et le mieux pour le jeune homme fortuné qui veut avoir en face de lui à table ce *rara avis* qui s'appelle une femme du monde accomplie, c'est de la prendre toute faite, en possession de tous

ses moyens, active, spirituelle, possessive
et indépendante comme l'est toute Française dans son beau développement, et..,
faire mentalement la part du feu.

LES ENTREVUES

La coutûme anglaise — celle de régler
soi-même sans préliminaires la délicate
question qui décide de deux avenirs —
semble vouloir s'implanter chez nous, mais
le peu de liberté qui est encore accordé dans
le monde aux rapports des jeunes filles avec
les jeunes gens en rend la pratique fort
difficile. On cite cependant quelques exem-
ples d'unions conclues grâce à la seule
initiative des parties, les plus directement
intéressées, mais les apparences n'en furent-
elles point trompeuses? Ne s'est-il point
agi d'une savante manœuvre maternelle
qui, pour décider une situation pleine de
promesses, mais hésitante, s'est servie

d'une occasion favorable et, pour masquer
son machiavélisme, a joué la surprise !

L'usage consacré veut qu'un mariage soit
l'objet de longs conciliabules, de confabu-
lations à des heures invraisemblables...

Ces conférences ont lieu partout, au bal,
au théâtre, aux courses, au bois de Boulogne. Tout local est bon, pourvu qu'il
puisse défier les oreilles indiscrètes. Si, de
part et d'autre, les renseignements sont
favorables, on arrange une entrevue.

Où aura lieu cette entrevue ?

Sommes-nous dans le gratin du faubourg Saint-Germain ? On se verra au
salut de Sainte-Clotilde ou de Saint-Thomas-d'Aquin. Le futur sera avisé de la couleur du chapeau que portera la jeune fille,
il devra s'effacer contre un pilier, voir sans
être vu... Vaincre dans ces conditions-là est
un peu difficile.

Sommes-nous un peu moins collet monté?
On choisira l'exposition des fleurs, quelque
fête de charité. La jeune personne, avertie

et curieuse, verra s'approcher un jeune homme presque inconnu, gêné dans une redingote toute neuve, et l'on échangera quelques mots... Enfin, les parents, plus curieux du bonheur futur de leur enfant que de la tradition, voudront une véritable entrevue. Elle se fera dans une maison tierce ou dans une allée écartée du bois de Boulogne. Les jeunes gens s'entretiendront à l'écart aussi longuement qu'ils le voudront.

Dès le lendemain, une réponse décisive doit être donnée. Si elle est négative de la part de la jeune fille, son père doit écrire, remerciant le prétendant de l'honneur fait à sa maison par sa recherche, le déclinant avec un vif regret, sous les honnêtes prétextes de l'âge, de l'éloignement des habitations à la campagne; il s'en trouve mille à choisir.

Une réponse affirmative ne doit pas être donnée catégoriquement. La mère alors prend la plume et, se servant d'une appellation un peu plus intime et familière que de coutume, commence : « Mon cousin. Cher monsieur. » La première formule peut presque toujours être adoptée dans l'aristocratie française, tant ces familles sont liées entre elles par la parenté. Elle signifie à son futur gendre qu'il peut venir ce soir-là même à quatre heures, que la porte sera fermée, sauf pour lui. En voilà assez pour lui faire connaître son bonheur.

LA COUR

TROUSSEAU ET CORBEILLE

Pour réponse, l'heureux mortel est tenu d'envoyer un bouquet — tout blanc, — et de ce jour, chaque matin, une gerbe fleurie — des roses, des camélias, des gardénias, des violettes — doit apporter son bonjour à la fiancée.

Les articles du contrat signés, — ce qui se fait dans les deux ou trois jours qui suivent, — la bague de fiançailles peut être offerte. Le fiancé la remet lui-même : c'est un saphir, une perle ou un rubis, — un diamant serait de très mauvais goût — Chaque soir, le futur vient dîner avec sa fiancée; sa place lui est toujours réservée à côté d'elle et, après le premier jour, il est traité comme de la famille, c'est-à-dire placé au bout de la table, quand il se trouve des étrangers. La soirée se prolonge assez tard; les fiancés vont causer à l'écart, sur le balcon, dans un salon voisin; — leurs voix murmurent des phrases douces... ils se racontent « des choses bien anciennes, les choses des cœurs primitifs ».

La cour, nom consacré de la période qui s'écoule entre les fiançailles et le mariage, dure généralement de six semaines à deux mois. C'est le temps normal et nécessaire pour le choix et la confection des objets innombrables qui composent le trousseau et la corbeille, sans parler des voitures, livrées, chevaux, mobilier, etc. Ce dernier article est généralement négligé, il demande trop de temps et de réflexion s'il s'agit de faire une installation nouvelle; sinon, la fiancée préfère attendre, pour les embellissements et modifications qu'elle désire, le moment où elle sera en possession de la maison qu'elle doit habiter.

Une parente du fiancé, mère, sœur ou tante, est chargée du choix de la corbeille. Elle se compose des diamants et dentelles de fiançailles, de châles, de cachemire, deux sorties de bal, quatre toilettes de gala, des fourrures de zibeline, un flacon, une montre, une bourse contenant un certain nombre de pièces d'or, un porte-cartes, souvent on y joint un collier de perles et une robe de point d'Alençon.

La mère de la fiancée ou la fiancée elle-même se chargent du choix du trousseau. Mais un temps plus précieux encore est prodigué en pareille conjoncture. Conférences de couturières, essayages, éternelles attentes chez les couturiers et les couturières. Enfin, les paraphernaux sont réunis, tout est prêt ou promis et le jour du mariage peut être fixé. Ce sera un jeudi ou un samedi. Le mariage civil sera célébré la veille. Trois jours avant aura lieu la signature du contrat.

LA SIGNATURE DU CONTRAT

Le matin de ce premier jour solennel la corbeille est apportée à la fiancée.

Tous les objets sont renfermés dans un coffre en laque ancien, ou dans quelque admirable chiffonnier aux bronzes ciselés, les robes dans d'immenses cartons chiffrés, Le tout doit être remis par les deux plus anciens serviteurs du fiancé, Il est d'usage, dans les maisons aisées, de leur donner à chacun une gratification de cent francs.

On invite au contrat tout ce qu'on connaît; la fiancée porte une robe rose; les cadeaux sont exposés avec désignation des donataires. La corbeille occupe une table séparée; les invités vont d'abord apposer leur signature au bas du contrat et défilent ensuite autour des cadeaux.

Ce sont d'abominables corvées; la vanité en fait les frais, elles seront d'usage jusqu'à la fin des temps.

Le mariage à la mairie se fait sans aucun éclat; la famille même se dispense d'y venir. Seule, l'assistance indispensable se réunit autour de la table verte, le trait le plus saillant de l'appareil auguste de la loi.

Il est d'usage de laisser pour cette dernière soirée la fiancée toute à la famille qui le lendemain la perdra.

Les époux selon la loi se quittent donc au seuil de la mairie pour ne se revoir qu'au moment de partir pour l'église.

LE GRAND JOUR

Les filles du faubourg Saint-Germain se marient en robe de satin blanc; un voile de dentelles simplement posé sur les cheveux, retenu par la traditionnelle couronne de fleurs d'oranger. Elles se marient à visage découvert, sans fausse honte; point de bijoux, le corsage entièrement montant.

Les deux familles se réunissent chez la fiancée, un peu avant l'heure fixée pour la cérémonie religieuse. Quand tout le monde est arrivé, le fiancé doit, après en avoir demandé la permission à sa belle-mère, envoyer un valet de pied prévenir sa future épouse. Alors seulement elle doit paraître, aller droit à son fiancé dans sa robe de mariée, et lui présenter, devant tous, son front à baiser. Elle fait ensuite un salut général à toute l'assemblée et monte immédiatement en voiture pour aller à l'église.

Sa mère, son père et un frère ou une sœur prennent place avec elle dans la voiture. Elle marche à l'autel au bras de son père, et au moment de prononcer le oui définitif, elle se tourne vers ses parents avec un geste de déférence respectueuse pour solliciter leur aveu. Un signe affirmatif lui répond. Le fiancé n'a point cette coutume à observer. Il est censé libre, le maître de la création.

Le jeune ménage doit s'éclipser à la sortie de la sacristie, disparaître sur l'apothéose religieuse, familiale et sociale que constitue une cérémonie nuptiale. En effet, Dieu bénit, les parents assistent, le monde vient voir, les humbles clients affluent, et quand le dorsay, attelé de deux steppers, disparaît au coin de la place, les nouveaux mariés partent entourés d'un certain halo de poésie.

V

LA LUNE DE MIEL

O u doit-elle s'abriter? Si le mari a une terre patrimoniale, il ne peut pas compter sur l'ombre et le mystère si chers aux cœurs épris. Il aura à affronter une réception enthousiaste organisée par son personnel, soldée de ses deniers et qui est autant dans le programme que la halle-barde du suisse à l'église. En tout état de cause, notre jeune ménage fera bien de choisir son abri à Fontainebleau, Saint-Germain, — praticable seulement en avril et mai, — ou encore à Frascati. C'est aux époux de se garer des fâcheux, chasseurs, villégiateurs, baigneurs intempestifs.

Alors seulement, après quinze jours, délai minimum, on peut se risquer dans sa terre et courir au-devant de la réception promise.

Cette cérémonie est réellement bien touchante dans certaines régions de la France, notamment dans l'Ouest. Elle emprunte un caractère patriarcal aux vieux usages du pays.

Quoi de plus joli que cette procession de carrioles rustiques attelées de bons et forts chevaux montés par les fermiers et les fermières dans leurs plus beaux atours, bouquets enrubannés, coiffes de noces, fichus éclatants faisant cortège à la voiture de la mariée !... Quoi de plus touchant que le vieux pauvre et la vieille pauvresse choisis parmi les plus respectables loqueteux de la contrée qui, se tenant chacun à la droite et à la gauche du seuil du château, reçoivent chacun, du seigneur et de la dame, une classique miche de pain beurré, afin que le premier pas fait dans la demeure de famille soit sanctifié par la charité !

Ensuite c'est la plus vieille des chambrières qui se présente avec une quenouille chargée de chanvre, nouée d'un ruban bleu. La jeune épousée la prend et va s'asseoir au coin de la cheminée, pendant que dans la cour d'honneur tous les fermiers déchargent leurs fusils. Puis les sœurs, qui tiennent l'école du village, arrivent avec leurs élèves : la plus sage présente un bouquet, la plus érudite débite un compliment. Un banquet et un bal champêtre sont de rigueur, et le tout se termine par un feu d'artifice.

Quelquefois ce dernier réjouissement cher aux cœurs villageois est adopté contre vents et marées. Dernièrement, un seigneur de haut parage, en pareille conjoncture, manqua le train. On banqueta et on dansa, en attendant le jeune couple, et comme il n'arriva qu'à cinq heures du matin on lui tira son feu d'artifice en plein jour.

Après trois semaines écoulées, rien de plus admis que de reparaître dans le monde. On arrive à Paris et, après avoir fait quelques visites dans la famille, on se montre aux théâtres, à l'Opéra ou aux Français, de préférence à l'avenue des Acacias, aux Expositions, etc. Alors commence la grosse affaire des visites de noces.

LES VISITES DE NOCES

L'usage veut que la jeune mariée soit présentée par sa belle-mère; mais, dans les maisons où cette dernière n'a point de relations, la mère lui supplée. En moyenne, dans les maisons aristocratiques, la liste, arrêtée soigneusement d'avance, porte de six cents à huit cents noms, et sur ce nombre, il est à peu près cent cinquante personnes, — douairières, femmes influentes, amies intimes, — qui doivent être visitées à leur heure. La société française tend à s'affranchir du joug des jours d'autrefois, — antiques et solennels. — où, depuis deux heures de l'après-midi jusqu'à six, on reçoit tout le monde sans exception, où le cercle est nombreux, où affluent trois générations, l'une par habitude, l'autre par bienséance, la dernière, la jeune, par devoir.

La jeune femme, dont le discernement est le partage, accomplit cette corvée avec rapidité et vaillance. Elle s'enquiert des tenants et aboutissants de chaque famille. Si elle appartient elle-même à une grande maison, ce travail sera rapide. Elle est tout naturellement au fait des parentés et des mariages. Il ne reste que la partie plus piquante, mais non moins essentielle, de la chronique contemporaine à lui enseigner, et elle y fait de rapides progrès.

Elle sait se vêtir suivant le goût des personnes qu'elle va voir. Certaines douairières sont effarouchées irrémédiablement par l'exhibition des modes actuelles dans leurs plus récents caprices. —

Mettons pour aller les voir cette robe de velours frappé, ce manteau long garni de zibeline, cette capote de marabout... tandis que ce complet pimpant de satin gris argent ira chez la bonne grand'mère de notre amie intime. Une tante nous recevra, malgré son grand deuil, eu égard à la parenté... Un drap prune, passementé de noir, sera la mise appropriée.

S'habiller n'est pas le tout... Il faut s'efforcer discrètement de gagner les sympathies de la génération qui n'est plus la nôtre, savoir prendre de préférence la chaise vide auprès d'une vieille dame, l'entretenir agréablement, montrer de la déférence pour ses opinions, au besoin lui demander quelque conseil; quant à les suivre scrupuleusement, c'est autre chose.

Il faut se faire présenter à toutes les personnes que l'on ne connaît pas dans le cercle où l'on se trouve.

L'adroite jeune femme profite des premiers temps de son mariage pour se nouer des relations étendues et agréables. De la part d'une jeune mariée, rien n'est plus naturel et plus flatteur. Ce qu'elle fera dans ce sens un an ou deux ans plus tard sera loin d'avoir la même valeur. A ce moment-là sa dignité, sa situation sociale lui commanderont certaines réserves, tandis que la jeune mariée, en qualité de nouvelle arrivante, peut faire toutes les avances, témoigner du désir d'être présentée à telle personne.

Heureux temps où il lui est loisible de se faire aimer de tout le monde, même de son mari !

VI

COMMENT ON SE MEUBLE

On se rappelle l'inventaire du fameux duc de Gramont-Caderousse à sa mort. Quelques canapés dénués de style, des fauteuils et des chaises comme partout, une dizaine de gravures de chasses pendues aux murs, et c'était tout. Le duc appartenait à une génération de Parisiens qui ne s'occupait de son « chez soi » que pour y coucher, — le moins possible. C'était le temps où l'on vivait au dehors pour le dehors. Les assignations en conseil judiciaire mentionnaient les folies faites pour des attelages voyants, pour des soupers retentissants. Aujourd'hui, les folies d'argent sont casanières. Bien des jeunes gens dont le tout-Paris ne se doute guère se sont ruinés et se ruinent tous les jours pour eux, chez eux. Les prodigues ne cassent plus des assiettes dans les restaurants, ils en collectionnent en vieux Sèvres et leur patrimoine ne s'en porte pas mieux.

Mais ce n'est pas à ces outranciers du luxe intime que s'adressent aujourd'hui nos conseils, c'est à la masse du public qui, elle aussi, depuis quelques années, recherche avec passion le confort dans son intérieur, ce dont nous ne saurions la blâmer. On se fait mieux honneur de sa fortune en s'en récréant l'œil tout le jour dans la contemplation des objets d'art qu'en jouant les lords Seymour attardés sur le boulevard et aux Champs-Élysées.

Donc, ô lecteur, j'imagine que vous venez de prendre un appartement. Vous voici installé devant les murs nus de vos pièces. Qu'allez-vous faire ?

Tout d'abord je vous souhaite assez d'argent pour réserver une place au téléphone, dans votre office, par exemple, là où le allo ! allo ! traditionnel sera le mieux entendu.

Puis vient l'épineuse question du gaz. Les inconvénients de cet éclairage, vous les connaissez. Il noircit les tentures, réchauffe trop, et on peut toujours avec lui redouter les explosions. Ses mérites, en revanche, sont l'instantanéité avec laquelle il s'allume, l'adaptation facile aux lampes, la facilité d'entretien et l'économie. Balancez la somme des avantages et des inconvénients et, si vous m'en croyez, terminez par une transaction. Gardez le gaz pour votre cabinet de toilette, votre antichambre, votre cuisine (en maintenant, bien entendu, le fourneau à charbon de terre) et pour l'écurie.

Passons maintenant à l'ameublement.

Le style Henri II commence à se démo-

der. On en revient au Louis XVI, plus
sobre, plus net, et même à certains beaux
modèles empire. Proscrivez tout d'abord
le fouillis dont on a trop abusé, les amon-
cellements de peluches, de paravents, de
tables couvertes de mille riens. Tout cela
produit un étouffement qui n'est pas sain.
Règle générale : évitez de vous adresser
à un unique tapissier pour vous procurer
les meubles dont vous avez besoin. Il vous
mettrait sur les bras un mobilier dont vous
vous lasseriez bien vite. Ne consultez que
vous-même ou des amis sûrs, si vous vous
méfiez de votre goût. Autant que possible,
n'achetez pas tout en bloc. Guettez les
occasions. Il y en a partout, principalement
à l'hôtel des ventes.

Le grand salon est généralement décoré
par le propriétaire, souvent trop. Tâchez
d'obtenir qu'il y ait le moins d'or possible ;
mais si vous n'avez pas gain de cause sur
ce point, n'en profitez pas pour tendre les
panneaux.

Le fond de mobilier indispensable d'un salon, c'est un canapé et au moins quatre fauteuils et quatre chaises. Autant que possible, prenez ce meuble en vieille tapisserie, malgré le prix. Il ne se démodera jamais et il a de plus le grand avantage d'aller avec tout. Ajoutons des guéridons sur lesquels on place des bonbonnières, des fleurs, des coupes. Dans un coin, une table à jeu dissimulée sous une étoffe ancienne, un pouf, des coussins un peu partout. Méfiez-vous des bibelots en général, surtout historiques. Les trois quarts sont faux et les autres inabordables comme prix. Le tapis sera de dessin turc en haute laine. En principe, il vaut mieux qu'il soit le même dans tout l'appartement.

Plus de pendule sur la cheminée. Pour savoir l'heure, la maîtresse de maison aura une petite pendule dite de voyage posée sur une table à côté d'elle. Les visiteurs seuls n'ont pas le droit de savoir combien de temps ils se sont ennuyés. A la place de la pendule de la cheminée, on mettra une statue, marbre ou bronze, flanquée de candélabres à plusieurs branches ou de lampes placées dans de beaux vases de Japon ou de Chine, avec abat-jour de dentelle.

Les rideaux blancs, sauf en magnifique guipure ou broderie moyen âge, tendent à disparaître. On les remplace par des stores en soie claire, artistement relevés.

Aux murs, des tableaux de maître, si vos revenus ou plutôt si votre capital le permet, et des glaces de Venise dans de beaux cadres en bois sculpté ancien. Plus d'appliques, à moins qu'elles ne soient Louis XVI, ou de très belles copies, les girandoles en cristal taillé étant passées de mode. Le piano droit ou à queue, étant toujours fort laid, doit être dissimulé sous des étoffes habilement drapées.

Reste la question des fleurs. Ne craignez pas d'en mettre un peu partout, sans symétrie, dans les vases du salon. Quant aux plantes, on les place dans de grandes jardinières en bronze ou en porcelaine du Japon, nichées dans les encoignures. Pour l'entretien et le renouvellement des plantes, les maîtres de maison avisés s'arrangent par voie d'abonnement avec un fleuriste voisin.

Passons au petit salon. Ici la fantaisie se donne plus librement carrière. Le petit salon peut être tendu. On en couvrira les murs à sa guise, depuis la modeste andrinople jusqu'au satin de Chine. C'est le quartier réservé de madame, presque son boudoir. Son goût personnel peut donc le disposer comme elle l'entend, lui donner même, s'il lui convient, le style turc ou japonais. C'est là qu'elle travaille, qu'elle écrit, qu'elle reçoit en dehors de son jour ou, si elle n'a pas de jour, à son heure.

L'influence de madame s'étend aussi, bien entendu, sur sa chambre à coucher. En général, elle y adoptera la couleur claire pour la tenture. Cette tenture sera-t-elle en papier ou en étoffes? Ici il y a deux écoles. Le papier est plus sain; mais certaines étoffes, la satinette, la cretonne, sont toujours à la mode. Le lit sera en bois laqué blanc. Je ne vous conseille pas de le capitonner, car vous créeriez ainsi un millier de petits nids à poussière qui mettraient trop à l'épreuve le zèle de vos domestiques. Tous les autres meubles de la chambre à coucher doivent être du même bois que le lit. Ils comprennent la chaise longue, l'armoire à glace, autant que possible à trois compartiments, pour qu'on puisse se voir sous tous les aspects, un chiffonnier, un secrétaire. Par exemple, suppression complète des plantes et des fleurs naturelles, on devine pourquoi.

Franchissons le cabinet de toilette tendu de perse avec rideaux pareils. Laissons à gauche la baignoire avec le cylindre si commode pour chauffer l'eau, à droite la toilette en noyer clair ou sapin avec sa table de marbre et ses immenses cuvettes, passons devant la fenêtre où s'emboîte la petite table avec glace sur laquelle s'étale le nécessaire au grand complet Jetons un regard rapide de convoitise sur le coffre-fort niché dans une encoignure et passons à la chambre de monsieur.

La chambre de monsieur, qui lui sert souvent de cabinet de travail, s'il travaille, a le droit d'être austère. Bibliothèque, bureaux-tables en chêne ou en bois noir ciré, garniture de cheminée en bronze ; quelques armes sur les murs. Si monsieur est chasseur, c'est dans sa chambre que seront placées les armoires vitrées contenant ses fusils.

Monsieur sort de sa chambre, madame de la sienne. Il est midi, nous les retrouvons à table pour déjeuner. Inspectons la salle à manger. Tout d'abord ce qui nous frappe, c'est qu'il n'y a plus de plats sur les murs. Ce n'est plus l'usage et nous le regrettons. On les a remplacés par des tableaux de nature morte ou de chasse genre Desportes, par un baromètre en bois doré, ou, ce qui a également toujours son prix, par de vieilles tapisseries. Quant au buffet, bien des personnes l'ont supprimé comme encombrant et lui ont substitué de vieilles armoires bretonnes ou normandes, où l'on renferme vaisselles et cristaux. Dans un coin de la salle à manger, à défaut d'un vieux cartel, une horloge à gaîne fera très bonne figure. Un dressoir est nécessaire, ainsi qu'une table à thé. Quant à la grande table, la forme carrée va mieux dans la salle à manger de style ancien, mais la ronde est toujours plus commode, surtout pour les petites pièces. La suspension est presque devenue un anachronisme, bien qu'elle soit plus commode que ses remplaçants, les candélabres à plusieurs branches ou les quatre flambeaux à petit abat-jour rose qui nous viennent d'Angleterre.

Je vous épargne, bien entendu, la cuisine et l'office, où la simplicité hollandaise est la loi, et je sors par l'antichambre. Cette dernière pièce, grâce à Dieu, exige peu de frais. Dans de grandes maisons, on ne craint pas d'y placer de vieux bahuts, de vieilles faïences et de vieilles horloges. On pose aussi, dans de grands vestibules, des tréteaux sur lesquels on étend paletots et pardessus; mais pour ce dernier office, dans les demeures plus modestes, il suffira de quelques patères et d'un porte-parapluie en forme d'arbre.

Avec cela une banquette suffira pour faire attendre les valets de pied de vos hôtes ou vos fournisseurs; ces derniers peuvent faire le pied de grue sans inconvénient, tant que vous n'aurez pas fait reviser par votre architecte leurs mémoires et en premier lieu la facture du mobilier dont nous venons de parler.

LA REVUE DE L'APPARTEMENT

C'est dès le retour de la campagne qu'il faut faire la grande revue de l'appartement. On a tout le temps pour cela, les visites ne recommençant qu'en janvier; mais ce temps est bien employé. On n'a pas trop d'heures de jour pour surveiller le « reposage » des tapis confiés, pendant l'été, à la garde du tapissier, qui les a rebattus ou a été censé les rebattre, pour remettre aux fenêtres les rideaux de damas ou de peluche, après avoir décroché leurs modestes remplaçants en basin ou en cretonne. On sort les bibelots des armoires, on remplace les objets défraîchis ou cassés. On donne les meubles à revernir ou à redorer. Bref, c'est le renouveau du *home*.

Après l'utile, l'agréable. Les plantes vertes et les fleurs sont plus à la mode que jamais.

Pour les plantes, un conseil préalable : si vous avez la malchance d'habiter un appartement bas de plafond, ou insuffisamment aéré, mieux vaut n'y pas introduire le moindre palmier ou le plus mince araucaria. A la rigueur, on peut risquer le ficus (*vulgo* caoutchouc) ou l'apidistra qui sont de nature assez résistante; mais même dans ce cas on est contraint à de fréquents renouvellement de plantes.

Autre conseil, celui-là général, pour l'entretien : se méfier des arrosages multipliés, ne pas se servir d'eau toute fraîche tirée, bannir soigneusement les grains de poussière que pompent les pores des feuilles, placer les plantes près des fenêtres. Elles ont autant besoin de lumière que de chaleur. Quant à la chaleur même, se garer de l'excès et ne pas mettre son dracena favori à côté du calorifère.

On fait en ce moment de très jolis cachepots; mais ce que nous préférons encore pour les plantes d'importance, c'est le vulgaire « bac », le tonneau classique qu'on peut agrémenter de peintures sur lesquelles on fait courir une ornementation également peinte, de guirlandes de fleurs par exemple. Quelques personnes recouvrent ce bac de vieilles étoffes. Elles ont tort, à notre sens. Avec l'arrosage et l'humidité, ces étoffes ont bien des chances de moisir vite.

En ce qui regarde les fleurs, ce n'est plus aujourd'hui une mode, c'est une passion. Les petites voitures à bras qui charroient les violettes, les mimosas, les résédas et les œillets font des affaires d'or. C'est le vrai luxe de l'appartement. Les dames poussent aujourd'hui ce goût jusqu'à la passion. Elles ont supprimé le bouquet de corsage comme banal, et elles ont toutes leur fleur favorite qu'elles passent négligemment à leur boutonnière de robe ou à leur ceinture, comme si elles venaient de la cueillir dans une serre ou dans un jardin.

Elles seules, également, doivent s'occuper de ce gracieux département. C'est leur rôle et en même temps leur plaisir. Mais ce rôle veut quelque apprentissage. Il faut éviter l'excès, ne pas piquer des fleurs partout, ne pas les tenir trop serrées et surtout, quand on en manque, ne pas les remplacer par les fleurs artificielles. Rien n'est beau que le vrai.

VII

LA JOURNÉE DE MADAME

ON se lève très tôt ou très tard, selon que le soin des enfants, le souci de quelque dévotion matinale ou le plaisir hygiénique de l'équitation ou du pédestrianisme soient, ou non, préférables au réparateur, au consolant sommeil du matin.

Il est de ces petits êtres de fer que l'on voit dix-huit heures durant danser sur la corde raide de la mondanité à outrance.

Vers la trentaine, cet âge triomphant de la femme qui a su bien employer son temps à se faire une vie entourée, fiiande et douce, le pas se cadence.

On se borne à paraître après une grande heure, pas davantage, consacrée au grand œuvre de la toilette. A midi, est l'heure du déjeuner. Ce repas comporte quelques invités intimes. Le menu doit en être simple et recherché en même temps. Le goût actuel prend à la Russie l'abondance des hors-d'œuvre, il faut s'ingénier pour obtenir quelque variété.

Dans quelques maisons, on se dispense de l'apparat du couvert et du service. A l'heure précise, les plats fument sur les réchauds; on s'assoit pêle-mêle, chacun se sert à sa guise, on s'établit deux dans un coin, on mange en se promenant sur le balcon. C'est un usage d'une charmante liberté, mais dont s'accommodent mal les curieux de bien manger. Il faut à ceux-là le recueillement dévot et tout l'appareil du culte de Comus.

On se rend directement de la salle à

manger au fumoir. A Dieu ne plaise que je conseille aux femmes de fumer! Rien n'est laid et malséant comme les doigts brunis par le tabac, l'odeur de vieille fumée tuant les parfums. Mais un peu d'élasticité est bien admis. D'abord il faut octroyer une permission générale pour les amis, puis il n'est pas interdit à une femme de savoir allumer une cigarette et d'en tirer trois bouffées pour tenir compagnie à une amie, pour envoyer de petits ronds bleus dans d'autres ronds bleus qui les appellent.

On a demandé sa voiture à trois heures, préparé la liste des courses à faire. D'abord une visite à une parente âgée qui sort peu et tard... trois ou quatre jours d'amies, une séance de couturière, deux petits cinq heures, aller prendre Monsieur au club, rentrer.

Oh! le joli caquetage des réunions féminines! Un envolement de jupes, un déroulement de rubans, des parfums subtils et doux se mêlent comme les appréciations, les drôleries, les jolis petits potins de la conversation. On s'assied, on caquète, on fait une immense consommation de petits fours, de tartines et de réputations. On se lève pressée, on veut vous retenir : impossible, cent choses à faire. « Comment va baby. — Très bien ; à demain sans faute, chez les X. — Non ; à l'Opéra. — Impossible d'y aller tard. — Je vous raconterai la fête des X. Adieu. » Vite, courons à la répétition du même exercice. La seule différence, c'est qu'on ne peut dire les mêmes choses, si, comme il arrive très souvent, le public est le même.

On court chez la couturière, on se fait montrer la robe en train, les garnitures ébauchées. « Oh ! madame Z..., quelle désolation ! Vous m'avez fait des ruches en chicorée et ce sont des ruches à la vieille qu'il fallait ! Ce n'est plus du tout, mais du tout dans le style ! et qu'en pense M. Ernest ! Où est-il ? — Sorti ! — Pas possible ! »

M. Ernest entre tout essoufflé ; il arrive des courses d'Auteuil, son buggy s'éloigne au pas.

On lui soumet le cas, il prend un air rassuré. Écoutez-le :

« La comtesse se trompe : ce que l'on appelait autrefois falbalas n'était que des ruches chicorée, cousues en zigzag et soutenues de laiton. Je m'en suis assuré par l'étude à la loupe des Saint-Aubin et des Debucourt. Nous sommes convenus de fin Louis XVI. Mais comme la comtesse voudra ! Cependant je crains de perdre le *flou* sans bénéfice pour la ligne ! »

La grande question réglée, on regarde l'heure : sept heures moins cinq. Vite, rue Scribe ! Monsieur se fait un peu attendre ; mais il ne manque pas de distraction, dans le va-et-vient des clubmen. Quand on dîne en ville, tâchez d'être exacts ! Mais n'arrivez pas plus avant l'heure fixée qu'après. Rien n'est froid, difficile à animer comme le temps qui précède un dîner.

évitez de l'allonger par un retard que rien
ne saurait excuser.

Un très bon moyen pour s'assurer du bon
ordre d'une journée consiste à se faire apporter en même temps que le plateau du
premier déjeuner au réveil trois block-notes
marqués pour le destinataire. L'un porte
les ordres pour la femme de chambre, un
autre pour le maître d'hôtel, le troisième
pour l'écurie. On pense alors à tout, on
règle tout d'avance et d'une manière indiscutable. De cette façon point d'erreur
et d'imbroglio possible.

Quand on va à l'Opéra, on doit y arriver
entre neuf heures et demie et dix heures.

Lorsqu'on est convié à une petite soirée
suivant un dîner, on doit demander sa voiture à dix heures; de même pour aller dans
les maisons où l'on reçoit tous les soirs. Il
faut entrer dans un salon posément, sans
hâte comme sans lenteur, et autant que
possible ne parler à personne avant la maîtresse de la maison. Éviter d'accaparer trop

longtemps son attention et s'éloigner, dans
les groupes pour choisir, tout en répondant
aimablement sur son passage, son coin
d'élection. Tâcher de ne pas donner au
public le réfrigérant spectacle d'un mari
qui s'ennuie ! Dès que les portes s'obstruent
de ces pauvres gêneurs et gênés, adieu la
joie de la fête ! Il faut s'y prendre d'avance
et, au fond, il n'est pas très difficile de faire
croire à quelqu'un que cela assomme,
qu'il va s'amuser beaucoup.

Quant aux conversations, oh ! croyez-
moi ! point de liberté de langage ! Les termes les plus choisis. Répudions et laissons
aux adeptes d'une élégance fausse et frelatée
le jargon d'écurie, les expressions triviales ;
si l'une d'elles est indispensable pour pein-
dre la pensée, qu'elle semble une anomalie
dans votre bouche ; indiquez, ne la pronon-
cez pas. Soyez bienveillante, ménagez le
prochain, racontez peu d'histoires, ne dites
jamais un birant pour un diamant, un huit
ressorts pour une voiture, enfin et surtout

taisez-vous quand vous n'avez rien à dire :
c'est le secret de la conversation. A présent, on rentre, on se couche, on dort! Et
c'est bien gagné.

VIII

LE JOUR DE MADAME

Nous restons fidèles à l'ancienne formule : le jour de madame. Depuis quelques années, il est vrai, nous l'avons dit plus haut, beaucoup de dames ont remplacé le *jour* par *l'heure.* On reste chez soi, par exemple, tous les jours de 5 à 6 heures, ou encore deux jours de la semaine pendant la même durée de temps; mais l'antique usage a du bon. S'il est peut-être moins commode pour les personnes qui reçoivent, il l'est davantage pour celles

7.

qu'on reçoit, et, en somme, comme la cha-
iité, la politesse bien ordonnée ne doit pas
commencer par soi-même,

Nous voici à l'époque de l'année où
commence le grand coup de feu des visites,
Mesdames, c'est votre calvaire qui commence, le grand calvaire des escaliers à
gravir. Huit visites par jour en moyenne,
calculez, statisticiens, le nombre de mar-
ches escaladées par les pieds féminins.

Et dire pourtant que ces épreuves pour-
raient être adoucies si quelqu'un prenait
une initiative sur laquelle nous appelons
l'attention. Quelle est la doléance éternelle que vous entendez sur les lèvres
d'une dame qui revient de visite? C'est ceci
ou à peu près : « Si encore, en allant voir
Mme X..., j'avais pu monter chez Mme Z..
qui demeure à l'étage plus bas, mais, hélas!
c'est demain seulement que reçoit Mme Z...
Il est de fait qu'il y a là un abus criant.
Ne pensez-vous pas que l'usage devrait
s'introduire de fixer un jour uniforme, sinon

dans tout un quartier, du moins dans une fraction de quartier? On saurait que le mercredi par exemple, on peut expédier deux ou trois rues derrière Saint-Thomas-d'Aquin ou derrière Saint-Augustin. La chose est moins impraticable qu'elle ne paraît au premier abord. Que deux ou trois dames influentes s'en mêlent, et les autres suivront avec empressement. Régularisées ainsi, exigeant uniquement quelques notions de géographie parisienne, les visites ne seraient plus une corvée.

Il n'y a pas de règle générale pour déterminer les visites que l'on est tenu de faire. C'est une question de tact. Pour les relations qu'on se crée tous les jours et qu'on veut entretenir, l'usage est de demander à une dame plus âgée quel est son jour. Entre dames du même âge, cette demande est faite par la plus empressée.

La femme, une fois mariée, se hâte de choisir son jour et son heure qu'elle ne peut guère abandonner que s'il lui survien:

un deuil ou une maladie. En ce cas, elle prévient par lettre qu'elle ne recevra pas de l'hiver et qu'elle ne fera pas de visites.

Il est trois heures — on ne reçoit guère avant cette heure-là. La maîtresse de maison est prête. Elle a revêtu une toilette un peu d'apparat, car maintenant on réserve pour son *home* l'élégance, et la simplicité pour la rue. Elle a mis des gants, pourquoi? Mystère, mais c'est l'usage. Elle a surveillé l'ordonnance et le rangement de son salon. Il y a des fleurs un peu partout — beaucoup de dames s'en font envoyer directement du Midi pour leur jour — et des bonbons dans les coupes. Dans un coin du salon ou dans la salle à manger, la table à thé est dressée avec les accessoires obligés, un vin d'Espagne, des petits gâteaux secs, des pains fourrés de foie gras ou de jambon. Ce n'est pas madame qui servira ces friandises. Elle se doit toute à ses hôtes. L'office d'aide de camp sera rempli par une plus jeune sœur, une nièce, une jeune fille qu'on a sous la main. Ce n'est qu'à défaut de ces éléments qu'on aura recours à un domestique, car, dans les maisons où on n'en a qu'un, le valet de chambre a assez à faire d'ouvrir la porte et d'introduire.

Les visites arrivent. Madame se lève pour tout le monde, sauf pour les jeunes gens, bien entendu; mais elle ne reconduit que jusqu'à la porte du salon. Du reste, elle n'a pas de fauteuils ni de chaises désignés. Elle va de l'une à l'autre de ses amies, si besoin est, toujours à son affaire qui est de grouper ensemble les gens ayant quelque chose à se dire et de ranimer les colloques qui menacent de s'éteindre. Comme on ne présente pas les dames entre elles, le grand écueil, ce sont les conversations où l'on parle de corde dans la maison des pendus. Aussi généralise-t-on autant que possible le sujet de l'entretien. A ce point de vue, les entretiens sur le théâtre sont la grande ressource.

On reçoit jusqu'à une heure avancée; mais, à six heures et demie, il est admis qu'on peut fermer sa porte. Les intimes seules ont le droit de forcer la consigne.

IX

CHEZ LES AUTRES

Tout d'abord, avant de commencer les visites, sachez-en exactement le nombre. Dans ce but, il est bon d'avoir un livre, un carnet sur lequel sont inscrits à chaque jour de la semaine les noms et les adresses de vos relations. En dehors de cela, vous n'avez besoin que de mettre dans votre porte-cartes, avant de monter en voiture, un petit papier plié en quatre sur lequel vous mentionnez les visites du jour. Ces porte-cartes, soit dit entre parenthèses, deviennent de plus en plus objet de luxe chaque année, avec leurs coins en vieil argent ou en or et quelquefois le chiffre en diamants.

C'est généralement par les visites de cérémonie que l'on commence la série, les dames âgées, les femmes auxquelles on n'est tenu de faire qu'une visite par an.

Très soignées, les toilettes de visite. Songez qu'elles fournissent un texte de conversation une fois que vous serez sortie. On doit être « en taille », car on laisse son manteau dans l'antichambre. Le chapeau est de même très habillé, sans voilette. Quand on a un valet de pied, on se fait suivre par lui dans l'antichambre où il tient le manteau ; puis, la visite terminée, il reconduit sa maîtresse jusqu'à la voiture.

Avons-nous besoin de dire que les messieurs s'affranchissent de plus en plus de l'obligation des visites? Ils sont trop occupés ou trop censés l'être pour qu'on leur en sache mauvais gré. La franc-maçonnerie des maris a admis qu'une visite de la femme suffit pour remercier d'un dîner ou d'un bal. Quant aux célibataires, on exige plus d'eux. Il est vrai que, se trouvant seuls de leur sexe dans un milieu féminin, l'obligation leur est parfois très douce.

X

LA CHARITÉ MONDAINE

ET LES AUMÔNES

LES âmes charitables sont en éveil dès qu'on prononce devant elles le beau nom de charité, mais plus d'une peut s'appliquer le mot célèbre : « Ce n'est pas tout de faire son devoir, il faut le connaître. » Trop de fausses misères, trop de mendicités suspectes nous sollicitent et nous découragent. Or c'est donner deux fois que de bien donner.

Heureusement qu'à Paris l'art de la charité peut se pratiquer sans trop d'encombre. Passons en revue quelques-unes des œuvres fonctionnant sous de hauts patronages. En leur apportant son offrande, on est sûr de donner à de vrais pauvres et par conséquent de devenir les créanciers du bon Dieu.

LES ŒUVRES

L'Œuvre de la charité maternelle est présidée par Mme la duchesse de Mouchy. Fondée par la reine Marie-Antoinette, elle fut l'objet des soins très particuliers de l'impératrice-Eugénie. Elle a pour but de secourir à domicile les femmes pauvres en couches. C'est cette œuvre qui a donné, il y a quatre ou cinq ans, une délicieuse fête champêtre dans l'ancien concert Besselièvre. Toutes les plus charmantes femmes de Paris y parurent costumées en bergères et en paysannes, vendant des fleurs, des objets, des bibelots. Le succès fut complet et la recette dépassa cinquante mille francs.

Le prince de Chalais a été le fondateur d'une autre œuvre, dite de la *Miséricorde*, qui consiste à secourir, toujours à domicile, les pauvres honteux.

Le prince de Chalais — ce grand chrétien, philanthrope plein de lumières — était veuf de Mlle de Beauvilliers Saint-Aignan. Il avait perdu sa fille unique, la comtesse de Choiseul, enlevée toute jeune à son affection, et il habitait avec son père, le duc de Périgord, et son gendre l'hôtel de famille rue Saint-Dominique. Le père, de quatre-vingts ans, traitait son fils de soixante avec toutes les traditions autoritaires d'autre fois.

Un jour, le prince de Chalais passait sur le pont rentrant déjeuner. Il voit un rassemblement, un homme se noyait. Se jeter à l'eau, le sauver, fut l'affaire de quelques moments; puis le sauveteur s'esquiva au plus vite. Mais il était trop connu dans le quartier pour garder l'anonyme de son dévouement. Il rentre en retard, subit une mercuriale sévère de la part du vieux duc et ne répond rien pour s'excuser. Le lendemain, le duc entre dans la salle à manger, et d'une voix tremblante d'émotion qu'il essayait de rendre grondeuse, jette un journal sur la table, avec ces mots : « Ne vous ai-je pas toujours dit qu'il était de très mauvais goût de faire parler de soi ? »

Depuis la mort du prince de Chalais, l'œuvre continue à répandre ses bienfaits sur maintes infortunes ignorées; mais tous ses membres sont en deuil de celui qui en était l'inspirateur et l'âme.

La Société des amis de l'enfance est présidée par la comtesse Aymery de La Rochefoucauld.

La princesse de Léon s'occupe des Enfants abandonnés, maison fondée par Mme de Kercando.

La duchesse de Bisaccia est la présidente des Enfants délaissés de la rue de Sèvres. La fête japonaise de l'hôtel Bisaccia comptera dans les fastes de la charité.

L'œuvre des *Tabernacles* était la grande préoccupation de cette charmante duchesse de La Rochefoucauld qui a laissé une réputation si méritée d'esprit. Cette œuvre consiste à distribuer des ornements, des vases, des linges sacrés aux églises pauvres. Chaque année, les fonds recueillis sont employés à la confection d'un nombre infini d'objets qui vont rehausser l'éclat du culte dans nos campagnes.

La duchesse de Fitz-James douairière et la baronne Reille s'occupent avec zèle des sœurs garde-malades des pauvres. Commencée bien modestement, cette œuvre a pris une extension considérable. La maison mère de la rue Violet à Grenelle envoie dans tous les quartiers pauvres de Paris ses religieuses. Elles vont soigner les malades à domicile, s'emploient à tout, font le ménage, remplacent la mère de famille alitée... Détail touchant, il ne leur est permis d'accepter qu'un verre d'eau dans les maisons, même quand elles passent la nuit au chevet des malades; ces religieuses vivent uniquement de charité.

La duchesse de Chevreuse est présidente de l'Orphelinat de Ménilmontant.

Enfin, les pauvres des paroisses ont leurs protectrices; le Gros-Caillou, la comtesse de Biron ; Saint-François-Xavier, la comtesse de Mortemart; le quartier de la Villette, la comtesse de la Ferronnays.

Toute jeune femme qui se marie est pour ainsi dire obligée de quêter pour une de ces œuvres la première année de son mariage. Souvent, des liens de famille ou des promesses antérieures lui imposent un choix. Mais la partie pratique est toujours la même. La voici.

On écrit trois types de lettres. Une formule pour les indifférents et inconnus, une pour les parents, une pour les amis intime.

On les fait autographier au nombre de quatre, cinq et jusqu'à six cents ! A mesure que l'on fait ses visites de noces, on envoie ses lettres de quête, et l'on fait de même à l'égard de tous ceux avec qui le mari est en relations. Point n'est besoin de connaître personnellement le patient pour le rançonner. Une lettre de quête demande... ce qui se donne habituellement. L'argent est porté dans une enveloppe fermée avec une carte du donateur; il est bien d'y écrire une formule respectueuse. Une carte est remise au porteur en échange de la lettre d'envoi. Le nom de la quêteuse s'y trouve avec *mille remerciements.*

Voilà pour les œuvres. Mais la charité est ingénieuse de sa nature et elle a d'autres moyens de frapper doucement à la bourse des gens. En premier lieu, les ventes de charité dont il a été tant médit et dont nous ne parlerons pas aujourd'hui, car elles ne fonctionnent guère qu'au printemps. Les concerts réalisent aussi souvent de très beaux bénéfices, surtout quand le nom d'une artiste du talent de Mme la vicomtesse de Trédern est mis en vedette sur le programme. On nous dira que la vanité figure pour une bonne part dans les recettes de ces concerts, soit; mais c'est bien le moins qu'elle y acquitte le droit des pauvres, et son argent n'a pas d'odeur dans les taudis des déshérités.

LA CHARITÉ PRIVÉE

Promeneurs matinaux, avez-vous quelquefois croisé dans les rues, entre huit et dix heures du matin, des femmes vêtues de robes de laine noire, d'une jaquette toute simple, les traits dissimulés sous un voile épais? Vous leur avez trouvé une vague ressemblance avec telle ou telle dame de la société la plus choisie. Vos yeux ne vous avaient pas trompés. Ces femmes qui se cachent vont au rendez-vous de la charité.

On les rencontre dans les quartiers pauvres portant souvent un grand panier. Elles escaladent les étages et pénètrent dans les intérieurs sordides.

Elles vont droit au malade, prennent place à son chevet, l'interrogent sur ses maux, le plaignent et le consolent. Elles devinent les révoltes de la fierté... Alors elles s'adressent à la mère... et, un pauvre baby sur les genoux, elles disent de cette voix douce et claire des femmes bien élevées : « J'ai su que vous étiez dans la peine... Moi aussi j'ai des petits enfants... Ne faut-il pas entre mères de famille s'entr'aider ? Contez-moi vos chagrins... j'en ai eu, moi aussi... Je vous les dirai... » Et l'enfant pauvre, sentant une chaude tendresse l'envelopper avec le parfum de ces vêtements de femme élégante et soignée, plante un baiser sur la joue qui se penche... fait fondre la dernière glace en disant : « Elle est bonne... pas vrai, maman, la dame ! »

Dans chaque quartier les sœurs de charité spécialement chargées des pauvres sont les guides naturels des femmes du monde. Elles leur désignent les maisons où elles peuvent s'aventurer en toute confiance et celles où il ne faut aller qu'accompagnée.

Les bienfaits répandus ainsi sont innombrables et d'autant plus méritoires qu'ils restent cachés... Quand par hasard une femme est rencontrée, prise en flagrant délit de courses charitables matinales, on dit : — Ah ! vous savez, Mme X..., elle trotte le matin chez des pauvres... la drôle d'idée ! Et on parle d'autre chose.

LES AUMÔNES

Je m'aperçois qu'il reste peu de place pour les aumônes proprement dites, c'est qu'en effet, ces sortes de libéralités ne peuvent guère être réglées. On donne, selon son tempérament et aussi selon les rigueurs des saisons, aux pauvres de la rue, aux aveugles, aux estropiés, aux mendiants sous les porches des églises. Mais l'aumône la plus intelligente est celle qui s'approvisionne de bons de viande ou de pain, auprès de certaines œuvres philanthropiques, l'œuvre de Saint-Vincent-de-Paul, par exemple. On dit, il est vrai, que les pauvres revendent souvent ces bons. Qu'importe, si c'est à de plus pauvres qu'eux !

A LA CAMPAGNE

A la campagne, forcément, la charité se fait plus ostensiblement. Il y a chez le boulanger la liste du pain, chez le boucher la liste de la viande, revisées deux fois par an. Ce sont les secours accordés régulièrement en nature aux familles pauvres.

Aux approches de la Toussaint, il s'agit des vêtements. On fait venir du Bon Marché ou on achète directement en fabrique des pièces de cent mètres d'étoffe, des gilets et des bas par douzaines. On réunit les familles, et la distribution est faite. Très souvent la châtelaine va elle-même porter les paquets de vêtements, et ses enfants l'accompagnent quand elle a été contente d'eux.

La morale de tout cela, c'est qu'il est charmant de s'amuser dans les châteaux et dans les hôtels, mais meilleur encore d'être béni dans les chaumières et dans les mansardes.

XI

LE GRAND DINER

Il y a trois sortes de dîners : grands dîners, dîners d'amis, dîners intimes; le positif, le comparatif, le superlatif de l'agrément. Parlons d'abord des premiers. Quand on fait partie du monde, que l'on a un établissement à soi, on est tenu, dans une certaine mesure, à rendre les politesses que l'on vous fait, à inviter à dîner ceux qui vous ont conviés. Dans beaucoup de maisons, on choisit un jour, et chaque quinzaine ou chaque semaine on invite à dîner. Cette coutume a cela de bon qu'on n'est pas exposé à ce que votre jour soit pris par d'autres, et les plus désirables invités déjà retenus.

Le jour choisi, on compose la liste, et cette œuvre difficile demande passablement de tact et de réflexion. Il faut que les préséances, si peu et si mal réglées en France, puissent s'arranger d'une indiscutable façon; le mieux, c'est de pouvoir donner la droite et la gauche à l'âge et au rang en même temps : sans quoi, si nous mettons l'âge et le rang en présence, l'un a beau être peu agréable, l'autre peu seyant à revendiquer, gageons que nous sèmerons une de ces petites vendettes de salon qui sont trop souvent du nombre des cailloux les plus coupants du chemin de la vie.

Rappelons, en passant, que les duchesses passent au premier rang, qu'il n'y a de princesses françaises que dans deux grandes maisons jadis souveraines, que les étrangères et les ambassadrices ont le pas sur les compatriotes. Ensuite viennent les cadets de familles ducales et princières. Quelquefois, on fait passer devant les chefs de familles non ducales. Dans le cas de doute, ami lecteur, prenez un bon conseil : donnez le pas à celles ou à ceux qui ont le moins d'esprit, que les premiers en intelligence soient les derniers à votre table, lorsqu'il y a doute ou hésitation. Ce sera moins dangereux, car la dignité est l'apanage des honnêtes gens, quand la susceptibilité est celle des sots.

La liste arrêtée, vous envoyez vos invitations quinze jours d'avance; cela pare beaucoup de difficultés, vous avez le temps de remplir les vides causés par les refus, Projets de voyage, anniversaires de famille invitations préalables, raisons de santé voilà les seuls prétextes qui se puissent honnêtement alléguer pour décliner une invitation faite à l'avance. Jamais on ne doit manquer de mettre en avant une excuse. Refuser purement et simplement serait de très mauvais goût. Il impliquerait une raison blessante pour l'amphitryon.

Jadis, on dînait à six heures et demie. Le roi Louis-Philippe, à cette heure, déployait sa royale serviette. Nous avons retardé d'une demi-heure par dix ans. L'heure consacrée est aujourd'hui huit heures, et même quelques grands dîners suivis de bal ont lieu à la demie. On fait cela, allèguent les maîtresses de maison, pour abréger le temps qui forcément doit s'écouler entre la fin du dîner et l'arrivée des cure-dents, période de désœuvrement et d'attente qui amène un froid.

Rien d'absurde et d'ennuyeux comme un menu trop chargé et trop compliqué. Pour que ce repas soit agréable, il doit être court, complet, exquis : trois qualités difficiles à concilier. Il se fait actuellement un revirement contre la cuisine trop compliquée et recherchée. Un raffinement dans l'exécution de plats simples est plus de mise et plaît davantage. Les meilleurs cuisiniers sont ceux de l'école de la simplicité.

Le service à la française est délaissé, sauf dans quelques grandes maisons où il est imposé par l'argenterie de famille ; mais presque partout la table est décorée d'une profusion de fleurs jonchées sur la nappe, corbeille au milieu et aux extrémités, guirlandes courant d'un candélabre aux autres et d'une foule de bougies.

Certain dîner donné dans un hôtel princier du faubourg Saint Germain, à cinquante-cinq heureux mortels, était éclairé de six cents bougies... Plusieurs maisons exhibent le luxe de la vaisselle plate, mais l'usage semble s'introduire de produire au même dîner une variété de services. Ainsi les plats chauds dans la vaisselle plate, les plats froids dans du japon ou du saxe, le dessert dans du Sèvres. Le vieux derby est très recherché à présent, de même que le Chantilly et le Louisbourg. Les plats doivent arriver tout découpés de la cuisine et dressés de façon à être servis immédiatement. Rien n'est facile pour une maîtresse de maison, comme d'organiser le service. Le menu une fois arrêté, le maître de la maison indique les vins qui lui semblent appropriés. Un menu en porcelaine grand modèle est placé sur un dressoir, les plats et les vins y sont écrits dans l'ordre voulu. Le maître d'hôtel le consulte et s'y conforme. Ainsi nul ordre à donner, nulle explication ne vient troubler le service et interrompre la conversation, constituant ce qu'on appelle un « craquement », mot terrible aux amphitryons. Il faut établir la douce fiction que chaque jour l'on dîne avec dix-huit amis et que la coutume en a rendu la pratique d'une parfaite facilité.

Quant à la conversation, le mieux, c'est que la maîtresse de maison tâche franchement de s'amuser ; il n'y a de gaieté communicative que celle qui est de bon aloi, la vraie. Une autre condition, c'est de placer chaque convive avec tact et mesure dans un voisinage qui lui plaise, ne pas vouer un paquet à un homme d'esprit ; un triste à une joyeuse, une adepte du flirt à un vieux diplomate sans discernement, un jeune homme persuasif à une vertu revêche.

Un autre écueil à éviter est celui de souligner des questions de sentiment et de sympathie permises à peine pour le racontar du coin du feu.

Il est moins facile d'amuser ses invités après dîner. Presque toujours on invite quelques personnes, les invités du dîner précédent pour rendre leur politesse. Ces invitations se font souvent verbalement. On s'y rend vers dix heures et une soirée semblable remplit agréablement l'attente du bal où l'on ne se transporte jamais avant onze heures.

Les dîners d'amis sont infiniment plus agréables que les agapes mondaines et obligatoires dont je viens de vous parler. Pouvoir réunir fréquemment dix ou douze convives pris dans une coterie d'une cinquantaine de personnes constitue un des charmes de la vie de société. Pensez alors, vous qui êtes à la fois ami et amphi-tryon, que vous n'obéissez pas seulement à une obligation sociale et mondaine, votre devoir est autre et supérieur. Vous vous chargez trois heures durant du bonheur de ceux que vous aimez, vous avez pris sur vous la tâche de tuer leur temps qui a la vie si dure, d'accélérer leur vie qui coule si lentement. C'est l'éternelle plainte des hommes, et elle semble bien fondée, quand, en observant une réunion mondaine, on voit l'expression triste et lassée qu'un moment d'abandon ou de distraction donne aux visages... C'est un bien lourd ennui qu'il faut charmer. Le bonheur a été tiré à trop d'exemplaires et il faut, d'une main savante et sûre, redonner quelques coups de pinceau dans un coin oublié, qui de nouveau fassent sortir la lumière : problème difficile.

L'amphitryon groupe habilement ses convives, huit au moins, douze au plus; s'il le peut, il leur fera faire la connaissance de quelque lettré délicat, quelque poète exquis; tant pis pour le poète s'il n'aime pas à comprendre qu'il joue le rôle d'ananas...

L'homme d'esprit, si parfois il a été pris dans un traquenard pareil, jouera franchement sa partie, se montrera éblouissant charmant, gagnera les suffrages, mais répondra, lorsque son amphitryon, enchanté du succès, l'invitera de nouveau à dîner : « Impossible, mon ami, je suis loué pour ce soir. »

Triste à dire, certaines vanités se prêtent volontiers à ces exhibitions, acceptent avec joie le tremplin offert. Dans un dîner d'amis, il est de bon goût de consulter les préférences culinaires et autres de ses convives.

Le service comporte une certaine élasticité. Chaque plat servi, les domestiques se retirent pour laisser toute liberté à la conversation et ne sont rappelés que par une sonnerie électrique dont le bouton est à la portée de la maîtresse de la maison. Jamais de soirée après le dîner.

Maintenant un large aparté à propos de dîners en ville. La chose en vaut la peine, car l'heure est venue d'agiter la sonnette d'alarme. De l'aveu de tout ce qui nous reste de fines bouches, l'art de la cuisine se perd. Assurément il se trouve encore des maîtres de maison pour donner pâture aux appétits en belle humeur, mais le beau mérite de faire manger les gens qui ont faim ! Elles se font de plus en plus rares, les vraies tables, celles où les gastralgiques s'asseyent avec la mâle résolution de sauter trois plats sur quatre et d'où ils sortent à la fois charmés et inquiets d'avoir fait honneur à tous les mets. Un prince, homme d'esprit, a dit : « Le paradis, c'est le moment où l'on mange ; l'enfer, c'est l'instant où l'on digère. » Aujourd'hui, l'enfer nous fait de moins en moins peur, car nous perdons de plus en plus la notion du paradis.

Quelles sont les causes de cette décadence ? Signalons-en quelques-unes, d'après le témoignage d'un certain nombre de gourmets éclairés, qui les flairent mélancoliquement depuis plusieurs années.

Tout d'abord, ces estomacs d'élite me signalent patriotiquement la déplorable influence exercée par les étrangers, si nombreux à Paris, sur la cuisine française. Ils calculent qu'en moyenne un chef français placé chez un maître anglais s'y gâte la main dans l'espace de deux ans. Au début, le maître le laisse faire par égard pour une renommée accaparée à beaux « souverains » comptants ; puis le goût ou plutôt l'absence de goût national reprend le dessus. On prie notre compatriote de renoncer à ses assaisonnements savants qui sont toute sa gloire, et on le fait déchoir au rang de simple « cuiseur ». Qu'il fasse bouillir son turbot et griller son « mutton chop », cela suffit. *All right!* Les Anglais injecteront là-dessus leurs mixtures horribles qui ont l'aspect et le goût de hanneton pilé, l'insipide « worcestershire » ou le nauséabond « anchovies ». La sauce fait passer le poisson, dit le proverbe. Qui est-ce qui fera passer les sauces anglaises ?

Après John Bull et son digne émule en cela, frère Jonathan, un des plus sûrs destructeurs des saines traditions culinaires, c'est le « rastaquouère » chez lequel les repas n'ont jamais lieu à heure fixe, où l'on déjeune tout le jour en réchauffant pour les retardataires. Défiez-vous aussi du cosmopolite, de l'homme néfaste qui a rapporté de ses tournées dans l'univers, avec un palais corrodé par tous les alcools et par tous les piments, des recettes infâmes et internationales, la crème aigre des Russes, le « gaspacho » des Espagnols, le rôti de singe aux bananes du Brésil, et qui a la rage d'enseigner dans sa cuisine ces diverses variétés d'empoisonnement. Il devrait y avoir des lois contre ces gaillards-là !

Mais les étrangers ne sont pas seuls coupables. Sachons reconnaître nos responsabilités personnelles. La cuisine, comme toutes les manifestations de l'activité humaine, a besoin d'encouragements éclairés. Or qui est-ce qui est de taille aujourd'hui à diriger un noviciat de cuisinier ou de cuisinière ? Autrefois, beaucoup de jeunes filles apprenaient de leurs mères les premiers rudiments culinaires. Une fois à leur ménage, elles pouvaient indiquer aux gens à leur service par où péchait un œuf sur le plat, ce pont aux ânes, ou une sauce blanche, cet écueil de tant de vocations. Aujourd'hui, si elles se décident à blâmer, elles se retranchent derrière le témoignage d'autrui et se troublent à la première objection technique de l'accusé. Combien connaissez-vous de maisons maintenant où, après un dîner intime de connaisseurs, le chef monte au rapport pour recevoir éloges ou critiques ! Combien m'en citerez-vous, surtout, où le maître de maison fasse de temps en temps, juge d'instruction clairvoyant et sévère, une descente dans sa cuisine?

Ah! s'il y descendait! Comme il surprendrait vite le pourquoi de son médiocre dîner de la veille, de son piètre déjeuner de demain! Comme il se méfierait tout de suite de certaines pratiques en usage depuis quelque temps! Comme il verrait d'un mauvais œil cette marmite dans laquelle le cuisinier jette pêle-mêle des carcasses de poulets, des os de côtelettes, tous les détritus cartilagineux de la maison pour obtenir ce qu'il appelle ses glaces de viandes!

Que d'illusions il perdrait sur le talent de son chef quand il verrait cet indifférent puiser toute sa science de l'assaisonnement dans trois terrines renfermant trois sauces, l'*Espagnole*, l'*Allemande* et la *Blonde*, et passer sans discernement, Joconde du fourneau, de l'Espagnole à la Blonde et de la Blonde à l'Allemande! Comme il s'expliquerait ainsi douloureusement pourquoi l'on trouve si souvent le même goût aux viandes blanches et aux viandes noires, à la blanquette de veau et au ragoût de mouton !

Soyez sûrs aussi que le maître de maison serait moins fier de ses pièces montées s'il en voyait travailler l'architecte. Il admirerait moins l'ordonnance de ces grands panthéons de gelée où les convives, par égard pour leur gilet, hésitent à porter la fourchette, s'il voyait pétrir devant lui le vulgaire saindoux qui forme le soubassement de l'édifice. Cette gelée même lui paraîtrait moins belle à l'œil s'il savait ce qui y entre de colle de poisson. Enfin et surtout il serait médiocrement ragoûté par le spectacle des manipulations, des coups de pouce, des massages à l'aide desquels on sculpte ces chefs-d'œuvre. De tous les arts qui charment la vie, la cuisine est celui où il est le moins agréable de sentir la main de l'artiste.

La décadence culinaire est-elle moins sensible dans les grands restaurants que chez les particuliers ? On le croirait à entendre chaque jour ces derniers dire en soupirant que tel ou tel plat ne se mange bon qu'au restaurant. Cela est vrai, mais n'en inférons pas que la cuisine des cabarets à la mode n'ait pas aussi de sérieux *meâ culpâ* à se faire. Si elle n'a pas déchu, en effet, en ce qui touche certains mets, cela tient à une cause unique, au grand principe de la division du travail. Apprenez, — ô vous qui mangerez ce matin un poulet provençal dans quelque établissement renommé, que quatre fonctionnaires auront présidé à la confection de votre plat. Le premier fait sauter, le second fait les oignons et les artichauts, le troisième travaille à la sauce, et le quatrième dresse. C'est la simultanéité de ces fonctions rapidement accomplies qui fait l'exquisité d'un mets. Respect aux spécialistes !

Un grave problème de ménage se rattache intimement aux causes de la dégénérescence culinaire : du cuisinier ou de la cuisinière, lequel vaut mieux? Mettons les pièces du litige sous les yeux du public. Nous jugerons ensuite, et lui avec nous.

En principe, les dispositions, le flair, le génie se répartissent à dose égale chez l'homme et chez la femme. L'illustre Caresme et la Sophie du docteur Véron avaient été pétris dans le même limon. Mais chez la femme ces dons naturels se développent moins que chez l'homme par « l'acquis ». Un brevet de cuisinière s'obtient vite, au bout de vingt leçons données par quelque chef de cercle réputé pour sa bonne cuisine. Comme ces préceptes sont payés chèrement, la candidate en abrège quelquefois le nombre. Ce premier apprentissage terminé, munie d'un certificat du chef, elle cherche à se placer tout de suite comme cuisinière en titre pour rentrer rapidement dans ses déboursés.

Chez le cuisinier, la période d'initiation est plus longue. C'est généralement par la pâtisserie qu'on commence. Ces marmousets à toque blanche et à veste sale qui se coulent dans tous les rassemblements de la rue et qui lancent leurs paniers vides aux chiens du quartier sont des Vatels de l'avenir. Ils s'entraînent de bonne heure à leur haute destinée par le vol-au-vent et le godiveau, et ils savent par conséquent déjà l'orthographe de leur métier quand ils entrent, eux aussi, dans un cercle comme apprentis cuisiniers.

Mais c'est là, à notre sens, leur unique supériorité sur la cuisinière. Pour commencer, ils coûtent plus cher. Leur dánse de l'anse du panier n'est plus de la danse, c'est du vertige. Mieux encore qu'une cuisinière, un cuisinier se reconnaît à ce trait que, s'il se présente dans une maison riche, il est très coulant sur la question des gages. Qu'est-ce qu'un « fixe », si sortable qu'il soit, auprès de l'aléa des tours de bâton ? On m'a cité un chef célèbre qui n'a pas craint un jour de demander au maître de maison qui l'engageait le chiffre de son train annuel :

— Si monsieur dépense moins de deux cent mille francs, ajouta-t-il, j'aime mieux ne pas faire affaire avec monsieur. Je ne m'y retrouverais pas.

Ce personnage a dû s'y retrouver souvent, car il est mort en laissant une fortune considérable et, en somme, honnêtement acquise. Il prévenait.

Question de grattage en dehors, la cuisinière offre encore bien d'autres avantages. Si elle prise quelquefois — et encore de moins en moins — elle ne fume pas, et chacun sait que rien n'oblitère le goût comme l'usage du cigare ou de la pipe. Elle a également moins de propension à se dépraver le palais en goûtant plus que de raison le vin des sauces au vin. De plus, étant femme, elle est plus malléable aux conseils, partant, plus susceptible de s'amender. Enfin, notez que dans beaucoup de grandes maisons, le chef est un roi fai-

néant qui fait faire le dîner par les aides,
va pendant ce temps à son café et n'en
revient que pour distribuer majestueu-
sement les indications de la fin. Au moins
la cuisinière opère elle-même et peut se
perfectionner ainsi tous les jours. Pour
toutes ces causes, rallions-nous à son
bonnet blanc.

Ils ont versé dans mon sein bien
d'autres doléances, les gourmands attristés
dont j'ai parlé en commençant. Sous la
dictée de leurs regrets, je pourrais déplorer
la multiplication des manuels de cuisine
trop savants dont on n'exécute que par
à peu près les recettes à peu près inintel-
ligibles, la substitution trop répandue du
four à la broche, l'usage de plus en plus
fréquent du fourneau à gaz, cet ennemi du
« mitonnage ». Mais il est bon, surtout en
parlant cuisine, d'éviter la satiété. Déjà
même je croirais en avoir trop dit sur cet
objet s'il ne se rattachait à une question
qui a son prix, celle de l'hospitalité bien

entendue. Brillat-Savarin fut un narquois
qui se plaisait aux formules solennelles
disproportionnées avec le terre à terre du
sujet, mais n'y a-t-il pas beaucoup de vrai
au fond dans la maxime placée au fron-
tispice de son livre :

« Convier quelqu'un, c'est se charger de
son bonheur pendant tout le temps qu'il
est sous notre toit. »

XII

LE BAL

AVEZ-VOUS cinq ou même dix mille francs de trop, de vastes salons, de la jeunesse de bonne volonté autour de vous, donnez un bal.

Moyennant ces trois conditions, rien au monde n'est plus facile d'organisation. On convoque un matin son tapissier et son fleuriste. Ces industriels sont en possession du matériel voulu. Le premier devra compléter votre éclairage, lequel sera tenu d'être éblouissant. Le second s'occupera de disposer artistement de nombreuses jardinières qui prennent la place des bibelots et porcelaines de prix retirés soigneusement des salons. A cet égard, cependant, prenez garde de pécher par l'excès des précautions. N'enlevez que ce qui est fragile ou ce qui peut être emporté dans le tourbillon des jupes. Il y a des appartements tellement dénudés en vue d'un bal qu'on a l'air de danser dans une salle de comice agricole.

Un usage qui tend à se propager est celui de disposer dans les jardinières d'immenses blocs de glace destinés à rafraîchir l'atmosphère. Cette attention vous fera bénir de tous vos contemporains, et le nombre en est grand, qui ont des dispositions à suffoquer dans la température équatoriale de nos salons parisiens.

L'intérieur des cheminées doit disparaître sous les fleurs et sous les groupes de plantes vertes. De grands palmiers savamment disposés décorent le vestibule et l'entrée.

Puis vous songez à un grave problème :

asseoir vos invités sans restreindre par trop le périmètre exigé par les danses. Dans certaines maisons très élégantes on répudie les traditionnelles chaises en damas rouge louées au tapissier, ou du moins on les alterne avec un régiment de pliants assortis à l'ameublement des salons et tenus en réserve pour les nombreuses réceptions.

Reste l'orchestre. Règle absolue, il faut qu'il soit entendu de partout. Le strict minimum, c'est un piano, un violon et un piston.

LE COTILLON

On fait choix d'avance du jeune homme bon danseur, plein d'entrain et d'imagination qui doit mener le cotillon.

C'est une spécialité rare et enviée. Le marquis de Caux, le comte de Gontaut-Biron, le comte du Luart ont tour à tour conquis la reconnaissance des maîtresses de maison dans le faubourg Saint-Germain.

A présent, ce sont le comte Louis d'Andigné, le comte Jean de Beaumont et M. de Vatimesnil, le fils du veneur bien connu, qui se partagent la faveur de ces salons.

Les accessoires du cotillon ont subi la loi de la mode. Il y a encore quelques années, les figures exigeaient des accessoires compliqués, tels que des marmites à légumes, des fontaines avec des roseaux, des cœurs avec des clefs. Ces brimborions coûtaient fort cher, mais ils restaient à la maîtresse de maison, qui pouvait les faire resservir. Aujourd'hui ils coûtent tout aussi cher, mais... ils ne resservent pas, car les danseuses les emportent. Ce sont des éventails de gaze ou de satin, avec la date du bal peinte dessus, des miroirs de Venise, des bouquets de fleurs artificielles, des ombrelles de satin à manche doré, des hottes en jonc doré remplies de fleurs, des chapeaux de bergère en paille. Dans certaines maisons, on a donné jusqu'à des petits bijoux porte-bonheur; mais ces dernières libéralités ne doivent être exercées qu'avec réserve. Mieux vaut s'en tenir aux jolis riens.

C'est une politesse qu'on fait aux maîtres de la maison de rester au cotillon. C'est presque obligatoire, si l'on est en âge de danser, quand le bal est donné par des parents ou des amis intimes.

LA RÉCEPTION DES INVITÉS

Le grand jour arrive. La livrée doit être sous les armes à neuf heures.

Dans les grandes maisons, deux hommes d'écurie en tenue ouvrent la porte du vestibule à tous les arrivants. Ces hommes sont en culotte de peau et en bottes à revers ou en culotte de panne et bas de soie, selon la saison, car ils doivent se tenir dehors. Les valets de pied sont rangés en haie dans l'antichambre. Deux hommes en noir se tiennent à la porte des salons.

Il est de règle d'annoncer. Quel service cet usage ne rend-il pas à la maîtresse de la maison ! Allez donc mettre six cents noms sur six cents figures dans le tohu-bohu d'invités se pressant sur les talons les uns des autres !

Si d'aventure — tout arrive — une tête couronnée vous fait l'honneur de venir à votre fête, un chambellan vous avise de l'heure exacte de son arrivée. Le maître et la maîtresse de la maison, avec leurs enfants, vont recevoir leur hôte auguste au bas de l'escalier. A l'entrée dans les salons, les membres de la famille lui sont présentés. Il fait le tour des salons avec l'hôtesse de céans. Si le chambellan vous a prévenus de l'intention de Sa Majesté de souper, on la prie de désigner les convives de sa table. Le départ s'effectue de la même manière que l'arrivée.

Ce cérémonial est adopté également dans tous ses détails pour une Altesse, à cela près cependant qu'on n'est pas tenu d'aller recevoir au bas de l'escalier un prince non régnant ou non héritier présomptif.

LE SOUPER

Jadis, il y a quinze ans de cela, il était de rigueur, pour le plein succès réputé d'une fête, qu'elle se prolongeât jusqu'à des heures invraisemblables. Cet usage, qui s'est perpétué en province où les occasions de danser sont rares, n'est plus de mise aujourd'hui. Depuis que la promenade matinale au bois de Boulogne est passée dans nos mœurs, il est rare qu'un bal dure plus tard que cinq heures, à moins que ce ne soit un bal costumé. Très souvent, à quatre heures la fête est terminée.

On ferme à minuit les portes de la salle à manger pour dresser le souper sur le buffet. Les personnes qui ne restent pas pour le cotillon en profitent pour se restaurer, si le cœur leur en dit. On commence le cotillon vers deux heures. Alors on referme les portes et, après la figure finale, les danseurs trouvent de petites tables toutes servies de six à douze couverts. Souvent même on apporte des tables dans les salons. La maîtresse de la maison prie les femmes auxquelles elle désire faire le plus de politesse d'inviter qui elles veulent à leur table.

LA TOILETTE

Après la dernière guerre et les trois ou quatre années qui ont suivi, on a adopté les toilettes sombres, les robes de tulle foncé, le loutre, bleu marine, gris de fer. A présent, on s'est voué au clair, rose, bleu, saumon, soufre, etc. Les jeunes filles et les jeunes femmes ont adopté les costumes cour's, les étoffes légères, tulle, crêpe ou gaze, avec profusion de fleurs naturelles.

Détail à noter. Beaucoup de nos élégantes passent bien moins de temps qu'on ne croit à leur toilette. Elles ont une telle habitude du harnais de guerre que les préparatifs de bataille sont rapides. Beaucoup d'entre elles ont même renoncé au coiffeur. Elles se coiffent seules ou avec l'aide de leur femme de chambre, chiffonnant de leurs propres mains tulles et fleurs et disposant les diamants dans les cheveux.

Jamais on n'arrive au bal avant onze heures. Si l'on compte y rester longtemps, on renvoie sa voiture — quand on en a une — et l'on fait stationner dans l'antichambre le valet de pied auquel on confie sortie de bal et mantille. Ce valet de pied, madame, au moment de votre départ, s'occupera de vous faire avancer un modeste fiacre et vous rejoindrez ainsi votre demeure où tous les souvenirs du « bal éblouissant, du bal délicieux », comme a dit Victor Hugo, viendront « rire et bruire à votre chevet ».

XIII

LES BALS COSTUMÉS

Les bals dont nous venons de parler sont les bals en habit noir et en robe décolletée, ceux que dans le vieux vocabulaire mondain on appelait les bals parés; mais les bals costumés méritent une mention à part. Ils seront toujours de mode? Pourquoi! Faut-il admettre que nos tristesses présentes aient plus que jamais souci de se réfugier dans les oripeaux éclatants ou folâtres des époques disparues? Peut-être. Mais il y a aussi à cette persistance de faveur une raison que nous donnait hier une maîtresse de maison.

— C'est une grande ressource, nous disait-elle, que les bals costumés. Sur dix personnes que vous invitez, il y en a une bonne moitié qui ne vient pas, soit par ennui de se travestir, soit par économie, et vous pouvez faire ainsi double de politesses.

Cette considération n'est pas à dédaigner dans une ville comme Paris où les sociétés se confondent chaque jour davantage; où l'on se trouve avoir facilement, avec les amis des amis, trois mille invitations à lancer dès qu'on se risque à donner à danser.

En principe, un bal costumé ne donne pas beaucoup plus de peine aux organisateurs qu'un bal ordinaire, rien n'étant à changer dans l'ordonnance générale. Un conseil cependant. Ne tentez l'aventure que si vous avez à votre disposition des locaux qui se prêtent à la destination projetée. Je n'oserai pas vous engager à acheter un hôtel uniquement dans ce but, mais confessez pourtant qu'un bal costumé ne bat vraiment son plein d'élégance et surtout de pittoresque que dans un hôtel, et cela parce que l'escalier de cet hôtel, au moment où arrive le flot des invités, est à lui seul une des principales attractions de la fête. Un des souvenirs les plus charmants qu'on emporte d'un bal donné dans un hôtel, c'est le stationnement des curieux étagés le long de la rampe de l'escalier, regardant arriver tout le monde, suivant des yeux l'ascension et la descente de toute cette variété harmonieuse de costumes de toutes les époques. Eux-mêmes les spectateurs échelonnés forment une mise en scène qui frappait tout de suite agréablement l'œil des nouveaux arrivants.

L'intervention du maître de la maison doit également se signaler pendant la période préparatoire du bal, à un autre point de vue. Le maître de maison aura à sonder habilement les intentions de ses hôtes;

quitte à faire savoir à tel ou tel que son costume projeté sera loin d'être une primeur. On évite ainsi la monotonie d'une exhibition trop multipliée de travestissements identiques. Il est bon aussi que l'amphitryon veille à ce que les cortèges, noces de village et autres, entrées historiques ou burlesques, aient le champ libre au milieu des assistants et qu'on soit prévenu de leur arrivée. Un cortège bien organisé est souvent le clou d'un bal.

Voilà tout. Cela fait, le maître et la maîtresse de maison n'ont qu'à laisser leur monde s'amuser et à s'amuser eux-mêmes le plus possible de l'amusement d'autrui.

Il nous reste maintenant à parler de leurs invités et à résoudre ce grave problème du costume à mettre sur lequel a pâli tant de fois l'ingéniosité de nos contemporains.

Article premier. — Imposez-vous la règle de vous costumer à l'air vrai de votre visage. Vous, madame, dont le nez se retrousse agréablement, ne vous laissez pas placer une Marie Stuart ou une patricienne romaine. Vous, monsieur, dont les favoris blonds se découpent le long d'un visage rosé, n'arborez pas le chef afghan ou même le reître du XVIᵉ siècle. Actuellement, il n'y a pas de genre adopté plutôt qu'un autre. Il y a quelques années, on s'inspirait d'une pièce en vogue. Aujourd'hui, quand on est embarrassé, on va au musée du Louvre et l'on fait copier par sa costumière un portrait ancien. Ne craignez pas de vous habiller ou tout en blanc ou tout en noir. Cela se détache agréablement sur le bariolage des couleurs. Un conseil aussi. Ne vous affublez pas d'une perruque. On ne sait pas qui l'a portée avant vous et cela tient bien chaud. Des mèches savamment arrangées suffiront pour assurer l'illusion nécessaire.

Quant aux personnes mûres, elles ont tort d'être souvent rebelles à l'idée de se travestir. Un homme âgé fait très bonne figure en doge ou en astrologue, et quant aux mères et grand'mères, on n'exige pas d'elles une métamorphose rigoureuse. Il leur suffira de se faire une tête. Avec une mantille et un peigne, ou encore un bonnet à la Mme de Maintenon, elles répondront amplement aux désirs des maîtres de maison.

Autre règle non moins absolue, mesdames : ne vous adressez pas pour vos costumes à de petites couturières ou encore moins aux ciseaux de votre femme de chambre. Le costume implique le costumier ou la costumière. Seuls, ces artistes mâles ou femelles ont l'expérience et l'habileté voulues.

Par exemple, ils jouissent de la réputation méritée d'être toujours en retard. Dans un bal récent, une jeune dame que nous connaissons a pesté jusqu'à onze heures du soir, sa costumière lui ayant manqué de parole. Enfin le costume arrive. A peine endossé, il craque dans le dos. On a dû réveiller des ouvrières dans le quartier pour réparer tant bien que mal le dom-

mage, et la dame est arrivée au bal...,
quand les lustres s'éteignaient.

Pour parer à cet inconvénient, je vous
conseille un tout petit truc. Si le bal où
vous allez a lieu, par exemple, le mercredi,
au su de tout Paris et de la costumière,
dites à cette dernière, en lui faisant votre
commande, que vous avez besoin du costume pour la veille, où il doit figurer dans
un dîner en petit comité. De cette façon
vous avez des chances d'être servie à temps.

Deux dernières recommandations, cette
fois pour le sexe fort. D'abord, n'abusez
pas des costumes exigeant l'épée ou le
sabre. Ils sont encombrants et c'est la mort
des jupes de tulle où ils s'empêtrent.
Ensuite, si votre costume ne comporte pas
de poche, faites-vous-en coudre une tout
de même, dissimulée. On est trop malheureux de n'avoir où mettre ni sa clef ni son
mouchoir, ni l'argent du fiacre qui vous
ramène, ni la délicieuse cigarette qu'on
hume à la sortie.

Quant à l'habit rouge qui a décidément détrôné le manteau vénitien, rectifions une erreur répandue. On croit communément que la culotte courte est d'ordonnance. C'est inexact. La culotte courte n'est de rigueur que lorsqu'un souverain où un prince régnant assiste au bal. La règle est donc simplement le pantalon noir avec l'habit rouge.

Et maintenant fermons les yeux et revoyons dans une visite rapide les beaux bals costumés de notre génération. Place aux jolis lundis de l'impératrice si mouvementés, si gais, avec cette salle des Maréchaux étincelante de lumière, de paillettes et de diamants où passaient comme un éblouissement tant de beautés aujourd'hui grand'-mères. Quelle fut la plus belle ? Nous l'ignorons. Mais nous avons entendu dire à un connaisseur qu'il n'avait jamais vu d'apparition plus radieuse qu'un soir où la comtesse de Castiglione entra en costume Louis XVI de velours noir. L'effet fut tel que pas une rivale n'osa risquer la moindre critique.

Parlerons-nous de ce fameux bal du ministère de la marine où cinq dames d'une imposante beauté figurèrent les cinq parties du monde? Ce jour-là, la vieille Europe eut tort. Tout le monde admira longuement la scrupuleuse fidélité ethnographique avec laquelle on avait reproduit les habillements primitifs des peuplades équatoriales.

Dans nos souvenirs récents, les deux plus beaux bals dont on ait parlé ont été donnés, l'un à Madrid par le duc de Fernan-Nunez, l'autre à Paris, par la princesse de Sagan. Ce dernier était une fête villageoise qui avait pour cadre naturel le jardin de la princesse, lequel est presque un parc. Quant au bal Fernan-Nunez, il défie toute description. Les costumes les plus étonnants étaient ceux de la comtesse Mançanedo en Marie-Antoinette, reproduit exactement d'après le portrait de Mme Vigée-

Lebrun, et celui de la duchesse d'Albe en grande dame du XVIe siècle. Comme hommes, le marquis de Castrillo en patricien de Venise et le duc de Tamamès en Louis XIII ont été fort admirés; notons que presque tous ces costumes venaient en droite ligne de Paris.

En résumé, vivent les bals costumés! Ils ont un triple avantage qui a bien son triple prix. D'abord ils amusent tout le monde, même les gamins qui se massent à l'entrée dans la rue pour voir arriver les invités. Ensuite ils font aller le commerce encore plus que les autres bals; enfin, ce qui n'est pas un mal dans le temps d'ignorance qui court, ils nous forcent à apprendre, tout le temps que nous méditons notre commande de costume, un petit bout d'histoire et de géographie.

XIV

LA TENUE DU SOIR

En dehors des bals, dont nous avons parlé, il y a d'autres soirées, ce qu'on appelle par exemple des « choufleuris », à l'occasion desquelles certaines femmes novices peuvent être embarrassées. Une amie vous écrit ou vous dit entre deux portes de venir le lendemain soir chez elle, en petit comité, devant une tasse de thé. Vous pourrez peut-être vous croire autorisée à mettre une robe montante, et vous voilà entrée à l'heure dite dans le salon. O désappointement !... Toutes les dames sont en toilettes claires et ouvertes. Vous voilà confuse, agacée, désolée de passer pour une dame de compagnie et regrettant amèrement votre coin du feu. Conclusion. Défiez-vous de ces invitations qui n'ont l'air de rien. Mieux vaut être trop habillée que pas assez, en vertu du dicton « qu'il vaut mieux faire envie que pitié ».

La tenue du soir au spectacle varie selon les théâtres.

A l'Opéra, pour les jours d'abonnement, si vous êtes dans une première loge, ou même dans une seconde de face, c'est la grande toilette décolletée qui est de mise. On n'épargne ni les fleurs ni les diamants. A l'amphithéâtre, robe montante et chapeau clair.

Au Théâtre-Français, pour les jours d'abonnement ou pour les premières, on porte la toilette de soirée ouverte, et on est en cheveux. Bien entendu, si on va au bal en sortant du théâtre, il est très admis

de paraître dans sa loge en costume de bal;
mais alors on met sur ses épaules une mantille de dentelle ou un voile de tulle.

A l'Opéra-Comique, les jeunes filles sont
en cheveux. Les mères ou les jeunes
femmes sont en chapeau clair et en robe
montante. L'usage est le même pour les
théâtres tels que le Gymnase, le Vaudeville
et en général tous ceux où l'on ne dissi-
mule pas sa présence. Si l'on se risque
dans les cafés-concerts, on adopte la robe
sombre et le chapeau également peu
voyant. C'est le moyen d'indiquer aux
curieux qu'on tient à passer inaperçue.

Quant aux messieurs, ils n'ont pas grands
frais d'imagination à faire pour la tenue du
soir. Le costume du parfait maître d'hôtel
de restaurant est toujours bien reçu partout
où l'on se présente. Il n'est pas de maître
de maison, si modeste qu'il soit, qui puisse
être bien venu à vous dire : « Comment!
vous avez arboré la cravate blanche pour
venir chez moi ? » attendu qu'il ignore si

vous ne venez pas de dîner en ville et si vous n'allez pas le soir dans un bal en sortant de chez lui. Aussi, remarquez que la cravate noire avec l'habit ne se porte plus guère quand la saison de Paris bat son plein.

Quant au chapeau à claque, beaucoup de jeunes gens élégants y ont renoncé pour le dîner en ville. Cette innovation n'a pas été adoptée par tout le monde. Les deux écoles sont en présence, Aristote, dans le chapitre des chapeaux, n'ayant pas d'avance tranché la difficulté.

XV

LE FLIRT

GRAND'MÈRE, j'ai-flirté ! confessait une innocente les yeux rougis de par la gronderie maternelle.

— Ah ! ma fille ! si vous inventez de nouveaux péchés !

L'émoi de l'aïeule était-il justifié ?... oui et non.

Dans le monde il est une infinité de façons de jouer son rôle. Beaucoup le marchent, C'est la majorité. On voit dans les salons des femmes naturelles, polies, sans brillant, disant remarquablement ce que l'on attend d'elles, couvrant du vernis de la bonne éducation une nullité inoffensive.

Elles vont dans le monde par habitude et par bienséance, pour y garder leur place, pour faire comme les autres. Elles attendent, pour se retirer, le mouvement des premiers partants, et ne songent pas plus à s'amuser qu'à s'ennuyer.

Personne ne pense à les courtiser, pas plus qu'on ne cueille un dahlia pour le mettre à sa boutonnière.

Mais, à côté des dahlias, il croît des roses. Regardez... prenez-en, plein les mains, plein les yeux... passionnées, tourmentées sur leur tige flexible ou droitement fières .. laissant pendre leurs pétales lassement, ou encore les redressant en coupe dans un adorable mouvement de grâce et de fantaisie.

Sentez-les... donnant une odeur fine, parfois intense, parfois légère, presque impalpable, délicieuse comme la promesse d'une joie inéprouvée.

Celles-là, elles sont faites pour la gaieté, pour la parure... et quelquefois, pour le bonheur. Mais il ne s'agit pas de cela ! Souvenez-vous que nous nous promenons dans un jardin et que les enfants bien élevés ne touchent à rien ! Ce serait bien monotone si l'on ne pouvait jouer... eh bien ! jouons, badinons, rions, blaguons pour parler le français moderne. Voilà le roi des salons, — plus maître que la politique, l'art, la littérature, qui pour le coup jouent ici un vrai rôle de comparses — le flirt !

Il y a deux façons de flirter : la sérieuse, la badine.

Ne croyez pas qu'il faille retrousser ses manches et, pour pratiquer la première, faire grande dépense d'énergie. Ce n'est pas un exercice de force, c'est un tour d'adresse. C'est le jeu de bilboquet du sentiment.

Les femmes qui le pratiquent sont généralement jolies, plutôt petites, aux traits fins, nettes dans tout leur appareil de guerre; — du bout de leur ongle rose traité chaque matin au polissoir, jusqu'à l'extrémité archipointue de leur petit soulier, tout est tenu, astiqué, bouclé, verni... Tout se prête, se cambre, s'harmonise dans une correction qui paraît naïve tant elle est savante. On dirait que cet oiseau sur une branche a lissé ses plumes toute la nuit.

Elles ont de grands yeux qui parlent, qui rient, qui savent même un peu pleurer.

Leur art, j'allais dire leur truc, c'est de persuader à autrui qu'elles le trouvent très intelligent et qu'il doit l'être en effet, puisqu'elles sont loin d'être bêtes, — c'est elles qui le disent! Elles ont un, deux, trois, cinq ou six flirts, peu importe le nombre; ce qui est essentiel, c'est de jouer pour chacun un instrument différent.

On prend soin de les placer chacun sur un terrain de goûts et d'habitudes à part... Celui-ci aime le sport, c'est un assidu du Bois le matin. Il dresse des chevaux, il fouette des chiens ; sa conversation a une douce saveur d'écurie. Il saura l'heure de la promenade à cheval ; il surveillera piqueur et palefreniers, commandera les voitures et choisira les chevaux neufs. Il aura la faveur de petits conciliabules intimes où il jugera, en dernier lieu, de la coupe d'une livrée. On le mènera essayer l'habit neuf ; il recommandera les deux rangs de boutons, dernier cri de *Rotten-Row*.

Celui-là est un lettré, un savant ; il a écrit un gros article sur l'idée de l'immortalité dans la littérature annamite.

On l'expédiera à la Librairie nouvelle choisir des livres ; il apportera, pliées dans le même papier, des opinions sur la comédie du jour, sur le livre d'hier.

Il lira des vers, tout haut, à l'heure du thé, tandis que les chers petits moinillons du *five o'clock* se bourrent de tartines de beurres et de sentiment à la fois.

Et puis, s'il devient, ce flirt littéraire, un peu plus pressant qu'il ne convient, —

depuis le bouquin de Francesca et de Paola, les livres ont la manie de s'effondrer sur les tapis, — on lui dira que la communion des âmes, la sympathie de l'intelligence... enfin on lui fera comprendre que l'esprit doit se passer de la lettre, et qu'un joli-bonsoir doit contenter un honnête homme d'ami. Le thème est excellent.

Cet autre est un maître juré ès science mondaine. Il sait le bibelot, le tableau, le dosage exact du sang bleu dans les veines d'un chacun, les jours, les heures de réception, les fêtes futures, les petits potins printaniers, les gros potins d'automne.

Il sera chargé de piloter le bateau de son Égérie à travers les rochers, les périlleux bas-fonds de la mer orageuse du *high-life*. C'est lui qui conseillera l'empressement ou la réserve. Il dressera les listes d'invités, rédigera un menu pour un dîner politique, un autre pour des sportsmen, un troisième pour de petits ménages gais. Il comprendra quand on dira : « Si je ne

suis pas du dîner de quarante-huit couverts
de la duchesse, j'en serai malade. »

Cet autre n'est ni sportif ni mondain.
Sa qualité est autre et supérieure. Il est peut-
être moins décoratif, il est plus utile, voire
même nécessaire, pour compléter l'assemblée qui, sans lui, manquerait de l'élément
le plus intéressant. Il aime, il aime sans
espoir, sans récompense, sans encourage-
ment, il aime aussi fatalement qu'on est
nègre; il a la mélancolie de l'esclave unie à
la résignation du martyr. Il est triste et
soumis; jamais une révolte incommode,
jamais une folle espérance; son rôle lui
plaît et il s'y complaît; il en a le parti pris,
et, pour très peu, il avouerait que toute
réalisation lui vaudrait la banqueroute de
l'idéal.

Et ainsi, en sayant timonier, sans un
faux mouvement, sans un fléchissement,
une petite main savante et forte mène
l'attelage, se garant des rencontres, trouvant
des percées, arrondissant les tournants, et

le public spirituel, en voyant passer le *four-in-hand* apprécie un des prodiges de la raffinée civilisation contemporaine.

- Tel est le flirt sérieux. Plus d'art y est mis en œuvre qu'il n'en fut employé depuis vingt ans, pour gouverner la République. Quant au flirt badin... c'est bien autre chose. C'est la ressource des femmes d'esprit, qui, comprenant à la fois le sérieux de la vie et l'amusement du monde, concilient le soin de leur bonheur et la recherche du plaisir. Elles murent leur intérieur, refuge sacré, aux joies de la famille et à la franche amitié, et elles s'amusent sans scrupule au dehors.

Ingénument, gaiement, en bons petits camarades, elles se sont mises avec aisance sur un pied de blague intime, gamine et drôle... Elles paraissent dans un salon... sitôt un cercle se forme autour d'elles... et un feu de mille riens s'allume, clair et vif, plaisant comme le fagot des soirées d'octobre. Et si, rare occurrence, parfois l'incendie se déclare, c'est bien peu de chose : en deux plaisanteries, l'égaré est ramené sur le terrain permis.

Nombreuses sont ces popularités mondaines. Que faut-il pour les acquérir? peu de chose, décrier son prochain, aimer à rire, aimer à plaire. Un peu de beauté, beaucoup d'esprit, du naturel et de la gaieté.

C'est un sceptre doublé d'une marotte; — heureuse celle qui sait se l'approprier et en secouer longtemps les jolis grelots.

XVI

L'ARBRE DE NOËL

EST-CE réveil du sentiment religieux ? Est-ce tout simplement le résultat de l'anglomanie qui met *Christmas* à la mode chez nous comme il a mis le *lawn-tennis* ou le *polo* ? Je ne me prononce pas à cet égard ; mais ce que je constate, c'est que Noël a repris singulièrement faveur depuis ces dernières années. On le fête maintenant dans certaines familles avec autant d'allégresse que le jour de l'an.

" Entendons-nous cependant. Le réveillon,

le classique réveillon n'est guère admis dans les foyers paisibles. J'irais presque jusqu'à dire que la messe de minuit est devenue, dans certaines églises envahies par les curieux des deux sexes, une sorte de spectacle mondain qui en éloigne plus d'un fidèle. Il est inutile qu'un temple chrétien se transforme en lieu de rendez-vous pour noctambules.

C'est seulement donc le matin de Noël que la gaieté reprend ses droits en toute justice, et depuis quelques années, je le répète, beaucoup de familles s'ingénient à célébrer de leur mieux cette grande journée. Mais c'est surtout les enfants qui battent des mains à la date du 25 décembre. En dehors du soulier classique placé vide dans la cheminée et retrouvé rempli le lendemain, un usage ancien, longtemps négligé, a aujourd'hui complètement res-suscité partout l'arbre de Noël.

Mères de famille, laissez-vous guider par moi. Allez d'abord chez un fleuriste ou au marché aux fleurs acheter un sapin, le plus haut possible, car il est bon que la cime touche le plafond de votre salon. Cela fait, adressez-vous directement à un confiseur spécial. Il y en a qui fournissent tout ce qui constitue un arbre de Noël.

Rien de plus joli que l'aspect d'un arbre de Noël, mais à condition que rien n'y manque. Il faut que la moindre petite branche plie sous le poids des objets attachés par des faveurs de différentes couleurs. Ces objets sont, en général, outre des jouets, bien entendu, tout ce qui brille, tout ce qui fait écarquiller des yeux d'enfant, par exemple des noix dorées, des boules, des soleils, des étoiles en verre soufflé ou en métal. Et pour illuminer le tout, un magnifique éclairage *à giorno* composé d'innombrables petites bougies de toute nuance qu'on fait tenir toutes droites aux branches en les fixant délicatement avec un peu de cire.

Que si vous voulez donner des cadeaux plus sérieux, l'usage est de les mettre autour de l'arbre, sur la caisse dans laquelle ce sapin est planté, avec le nom de chaque destina-taire. Mais toute fête a une fin, les bougies s'éteignent. Dès que l'obscurité commence, on donne le signal de la tombola. On tire alors au sort tous les petits jouets accrochés à l'arbre, et vous entendez d'ici les cris de joie et les trépignements des gagnants.

Si après cela, madame, le goûter que vous servez à vos petits hôtes sort de chez un pâtissier consciencieux, si vous avez eu la bonne pensée d'exhiber une lanterne ma-gique, si vous vous êtes mise au piano pour faire danser une ronde, vous n'avez pas perdu votre journée et, au moins jus-qu'au jour de l'an qui apporte d'autres ivresses, tout votre petit monde gardera un souvenir enchanté de votre arbre de Noël.

XVII

LE GUIDE DES ÉTRENNES

C'EST dès le commencement de décembre que les gens avisés commencent à faire leurs emplettes pour le jour de l'an. On n'est pas encore bousculé dans les magasins. Le choix des objets à acheter est plus varié. On se les procure à meilleur compte. Triple raison pour se presser.

Mais, au préalable, il est bon de prendre une feuille de papier et d'inscrire sur une liste les noms des personnes auxquelles vous avez quelque chose à donner. Ce petit travail n'est pas aussi simple qu'il en a l'air. Chaque jour, nous voyons des gens fort embarrassés de savoir si dans tel ou tel cas ils feront bien de donner des étrennes et dans quelle mesure ils doivent pratiquer leurs libéralités.

Ainsi une question délicate est celle de préciser dans cet ordre d'idées les devoirs d'un célibataire vis-à-vis d'une maîtresse de maison chez laquelle il est reçu. Tel ou tel jeune homme, par exemple, se croit tenu d'envoyer des bonbons et des fleurs à une femme pour une unique invitation qu'il a reçue dans le cours de l'année. C'est un peu exagéré. De même on ne doit rien pour une invitation de bal En réalité, il n'y a d'obligation de cadeau qu'au bout d'une dizaine de repas pris pendant l'année dans une maison, et, dans ce cas, comme nous venons de le dire, un simple envoi de fleurs ou une boîte de bonbons suffit amplement.

Si l'on est intime, si, selon l'expression consacrée, on a son couvert mis chez les gens, le cadeau a le droit d'être plus important. On peut, dans ce cas, envoyer un joli bibelot ou, mieux encore, des joujoux aux enfants — s'il y en a; — mais il n'est pas admis qu'on fasse un cadeau trop personnel à une femme, des bijoux par exemple. Un familier, un commensal habituel fera bien, en outre, de donner, comme on dit vulgairement, la pièce au domestique qui le sert à table.

Puisque nous voilà sur le chapitre des domestiques, épuisons-le. L'usage est de donner à ses gens un mois de leurs gages, mais c'est un maximum que nous indiquons là, et encore dans le cas où les domestiques sont à votre service depuis un an au moins. Dans les maisons où l'on engage des serviteurs au mois de décembre, on se borne à leur donner une légère gratification au jour de l'an. Autre source de profit pour les domestiques. Quand ils ap-

portent chez vous une étrenne, il est
d'usage de leur donner un léger pourboire.
Cinq francs par exemple.

A l'égard des concierges, l'étiage des libéralités est moins fixe. Il monte ou descend selon le degré de services que vous
rend ce fonctionnaire. Tel ou tel célibataire
à existence modeste, mais dont le concierge
est l'unique serviteur, est forcé de se montrer plus généreux qu'un ménage riche,
pour lequel ledit concierge n'est qu'un
simple tireur de cordon. En principe, le
chiffre de trente francs pour un locataire
qui a des domestiques nous semble suffi-
sant; mais si ce locataire est médecin, avocat,
homme à clientèle, il fera bien, au point
de vue de ses intérêts, d'être très large à
l'égard d'un homme qui peut trop aisément
dire : « Monsieur est sorti. » Ajoutons que
dans les maisons à ascenseur, où le concierge accompagne les visiteurs et fait aller
la manivelle, ce surcroît de travail mérite
d'être rémunéré.

Dans les cercles, il y a un tronc où les membres sont invités pendant huit jours à déposer leur offrande. On donne dix francs en moyenne lorsqu'on passe devant cette boîte que les valets de pied ont soin de placer bien en vue. Les valets vous regardent du coin de l'œil, entendent sonner la pièce qui tombe, constatent que ce n'est pas le son d'un bouton de pantalon, se lèvent respectueusement sur votre passage et se partagent le soir la recette. Très ronde souvent, cette recette dont plus d'un théâtre se contenterait.

Quant aux cadeaux de mari à femme, de femme à mari, de père à fille, d'ami à amie, etc., il n'y a pas, il ne peut pas y avoir de règle absolue. Le cadeau sera toujours subordonné, d'abord bien entendu à la fortune, ensuite au degré d'affection, et aussi à la façon plus ou moins subtile dont on a surpris tel ou tel désir exprimé.

Disons cependant que, du mari à la femme, l'étrenne la plus agréablement acceptée est l'étrenne argent. C'est elle, malgré sa simplicité, qui sera toujours jugée la plus ingénieuse.

En dehors de l'argent ou d'un désir soit exprimé, soit deviné, le mari n'a que l'embarras du choix, avec cette réserve, toutefois, qu'en général les dames aiment que les étrennes soient bien à elles, pour elles seules. Un tableau de prix destiné à orner le grand salon sera toujours moins leur affaire qu'un rang de perles de la même valeur.

Nous venons de parler des perles. Tous les maris ne sont pas en état d'offrir un pareil luxe à leurs femmes. Nous pouvons dire que, dans un ordre d'idées moins coûteux, un manteau de loutre, un bel éventail à plumes assorti avec une toilette de bal seront très bien agréés. En cas d'embarras, nous nous permettons un petit conseil. Que les maris n'hésitent pas à acheter des dentelles. Il n'y en a jamais trop dans une garde-robe féminine, et c'est bien là un cas où le cadeau peut être proportionné à toutes les fortunes, car on peut offrir depuis le vieux point de Venise à quatre ou cinq cents francs le mètre, jusqu'à la simple valenciennes qui coûte dix fois moins et qu'on peut employer à tout.

Bornons-nous à ces indications. Nous ne nous permettrons pas de donner des conseils qui exigeraient d'ailleurs trop de détails. Une tournée ou deux dans les magasins éveillera plus d'idées chez nos lecteurs et nos lectrices que nous ne saurions leur en inspirer. Ajoutons cependant en terminant qu'on agira sagement dans ces visites en faisant d'une pierre deux coups et en songeant aussi à Noël, qui, ainsi que nous l'avons dit, est devenu depuis quelques années, à la grande joie des bébés, une vraie répétition générale du premier de l'an.

XVIII

AUTOUR DU DEUIL

SANS venir refaire ici, après tant d'autres, la phrase consacrée sur la vénération de Paris pour ses chers morts, je dois constater que ce culte a pris depuis quelques années une forme à la fois plus gracieuse et plus efficace. Maintenant toutes les boutiques de fleuriste et même les simples éventaires ont à leur étalage des couronnes de fleurs funéraires toutes prêtes pour le jour des Morts. Cet hommage est bien-préférable à la classique couronne de

perles. Outre que les fleurs naturelles sont
plus agréables d'aspect, elles témoignent
de soins plus assidus pour la mémoire du
mort, puisqu'elles exigent des remplace-
ments réitérés à mesure qu'elles se fanent.

Cet usage est, du reste, la conséquence
d'une mode qui s'est introduite depuis quelques années pour les enterrements. Jadis
on ne plaçait sur le cercueil que quelques
couronnes et quelques bouquets. Aujour-
d'hui, toutes les personnes en relations
intimes avec la famille du défunt croient
de leur devoir d'envoyer des fleurs à ses
funérailles, en forme de couronnes, de croix
ou de gerbes.

Puisque nous parlons de l'enterrement,
constatons que les femmes y vont de moins
en moins. Pourquoi assistent-elles au service de leur père tandis qu'elles restent à
la maison pendant les obsèques de leur
mari? C'est une différence qui ne se
justifie guère que par l'usage. Du reste, on
n'admettra bientôt plus leur présence à

aucun enterrement, car déjà on a cessé de mentionner leur nom sur les lettres de faire-part. Un gendre annonce la mort de sa belle-mère. Une fille ne fait pas savoir officiellement la mort de sa mère. Pourquoi? Encore une fois nous ne nous chargeons pas de l'expliquer.

Entre nous, nous ne nous expliquons pas davantage la rédaction de ces mêmes faire-part. Le comte d'Estournel a fait, à cet égard, dans ses mémoires écrits pendant la Restauration, des observations fort sensées.

« Autrefois on ne bordait pas les lettres de noir. On ne parlait pas de la perte douloureuse. Cette expression parut affectée et provinciale. De mon temps, disait un vieillard, les billets de part étaient destinés à communiquer un événement et non point à mettre dans la confidence d'une émotion. Personne n'aurait songé à donner un adjectif à la mort. Pourquoi pas le bonheur de faire part d'un mariage ? »

L'usage en question a eu beau se perpétuer, l'observation du comte d'Estournel n'en est pas restée pour cela moins juste et moins fine.

Quant à la durée et à la façon de porter le deuil, nous devons faire une distinction, qui a son côté tristement comique, entre le deuil provincial et le deuil parisien. Il paraît qu'en province on a plus le temps de pleurer les gens qu'à Paris, car une femme ne pense pas trop honorer la mémoire d'un père ou d'une mère en gardant des vêtements de deuil pendant deux ans, un an pour le grand deuil et un an pour le demi-deuil. A Paris, juste la moitié. Constatons cependant que le deuil de veuve s'y porte aussi longtemps qu'en province.

En province également le deuil est plus strict que chez nous pour les vêtements. On en est resté sur ce point aux usages qui ont longtemps prévalu dans la capitale et qui se sont un peu modifiés, comme on va le voir. Ainsi, il y a encore une vingtaine d'années, le grand deuil chez la femme pour ses père et mère, par exemple, comportait la robe longue de laine tout unie, le châle et le grand voile de crêpe tombant par devant. Aujourd'hui, on s'est sensiblement relâché de cette rigueur. Le châle et le grand voile par devant ne se portent plus que pour le jour de l'enterrement. La robe de laine est bien encore admise, mais elle se plie aux caprices de la mode. Les garnitures, les plissés ne sont pas interdits. Quant au grand voile qui se porte pendant trois mois pour un père et que la veuve garde un an, il est rejeté maintenant en arrière. Le voile par devant avait le triple tort d'être disgracieux, étouffant et de déteindre. Ajoutons que les robes ne sont plus confectionnées avec le pieux parti pris de les rendre laides. On a inventé tout récemment des passementeries pour les garnir. Les perles de bois noir ou en jais mat ont le droit de courir sur un corsage ou sur un vêtement.

De plus, on a adopté depuis quelque temps le bonnet de veuve. Cette innovation, qui nous vient d'Angleterre, consiste dans une espèce de tour en crêpe blanc qu'on adapte au chapeau par devant. La mode en a si vite pris qu'une jeune dame, dont on nous parlait dernièrement, voulait s'en faire faire un pour la mort d'un beau-frère.

— Impossible, madame, fit observer la modiste, c'est un bonnet de veuve.

— Quel dommage ! répliqua la Parisienne, c'est si seyant.

Pour les hommes, la tenue de deuil ne s'est pas modifiée. Tant de messieurs s'habillent toute l'année de noir que le seul signe distinctif du deuil est le crêpe au chapeau. Mais depuis quelque temps quelques élégants, trouvant que ce crêpe « fait bien », l'ont adopté sans avoir perdu le moindre parent.

Un deuil qui ne se portait pas autrefois, c'était celui des enfants en bas âge. L'enfant au-dessous de sept ans n'ayant pas péché, sa mort était considérée comme une délivrance, et encore aujourd'hui les messes dites à ses obsèques sont une sorte de remerciement adressé au Seigneur.

Beaucoup de mères, même très religieuses, n'ont pas pu se plier à tant de résignation et elles se mettent en noir s'il leur meurt un fils ou une fille en bas âge. On en voit même qui, ayant perdu un enfant en couches, évitent pendant quelque temps de porter des robes de couleur. Quant au deuil porté par les enfants, il n'est pas varié. Si l'enfant est tout jeune, on le met tout en blanc avec une ceinture noire, mauve ou violette. Lorsqu'il est voué au bleu et au blanc, on l'habille tout en blanc sans ceinture noire. A partir de l'âge de sept ou huit ans, il porte le deuil comme les grandes personnes.

Les domestiques sont associés à l'affliction de la famille. Il est d'usage de donner deux robes noires à chaque femme de service, plus un chapeau et un châle. Le cocher et le valet de pied doivent être en livrée noire, sans boutons de métal, avec crêpe au chapeau. On met aux chevaux le frontail de crêpe noir.

Ce qui ne se fait plus, c'est de mettre l'appartement en deuil, comme cela s'est pratiqué jadis. On a cessé d'habiller les meubles de housses noires, de voiler de crêpes les cadres et les glaces. La seule interdiction qu'on s'impose a trait aux fleurs. On n'en met plus dans les vases, surtout quand elles ont des couleurs gaies, telles que les œillets ou les roses.

En revanche, tous les autres détails extérieurs doivent être soignés. L'en-tout-cas, le parapluie, le porte-monnaie, le porte-carte, le livre de messe ont l'obligation d'être assortis au deuil. Le papier à lettres est bordé de noir, bien entendu, et même maintenant on gaufre cette bordure de manière à imiter le crêpe anglais.

Quant aux bijoux, on n'en porte pendant six mois qu'en jais mat. Le jais brillant n'est admis que pendant la seconde période du deuil. Tous les bijoux d'or, tous les brillants, diamants et perles sont supprimés pendant un an.

Malgré cela, comme nous l'avons laissé entendre plus haut, le deuil tend peut-être un peu trop à s'émanciper. Sans approuver outre mesure les personnes chagrines qui font une affaire d'état d'une barbe de crêpe qui n'est pas dans l'ordonnance funéraire, on ne saurait amnistier pour cela les aimables Parisiennes qui s'habillent de rose avant l'heure, sous le prétexte, toujours commode à invoquer, qu'un vrai deuil se porte dans le cœur.

XIX

LE VOTE DANS LES CERCLES

CETTE opération, généralement peu connue en dehors du monde des clubmen, varie nécessairement suivant le mode de votation adopté. Dans certains cercles, en effet, c'est le comité seul qui a le droit d'accepter ou de rejeter les candidatures proposées. Dans d'autres cercles, le suffrage universel est souverain. Dé là, des différences faciles à concevoir, mais nécessaires à noter.

Dans les cercles où les réceptions se

font par la voie du comité, la façon de procéder est très simple et elle ne diffère, d'un cercle à l'autre, que par des détails sans importance. Les parrains font inscrire le nom du candidat sur un registre *ad hoc,* puis ils le font afficher à une place apparente d'un des salons, avec la formule et la disposition suivantes :

Présenté par MM.

M. A. demeurant....... { B
C

Au jour indiqué pour l'examen des candidatures, les-parrains se présentent devant le comité. Le-président les interroge, les prie de donner quelques détails sur leur ami. Quelquefois, des membres du comité font entendre une observation, une réserve dont les parrains triomphent de leur mieux. Puis ces derniers se retirent et l'on passe au vote qui se pratique au moyen d'urnes et de boules noires ou blanches. La règle admise à peu près dans tous les cercles, c'est que six boules blanches sont annulées par une seule boule noire. Le dépouillement est opéré sous la surveillance du président qui prononce la formule :

— Monsieur un tel est admis ou ajourné.

Les parrains guettent anxieusement cette décision qui est ensuite transmise soit par voie de commissionnaire ou de chasseur, soit par télégraphe, soit par le téléphone, selon le degré d'impatience de l'intéressé. Ce dernier est quelquefois tapi dans une voiture à la porte du cercle, attendant l'issue. S'il est reçu, il a le droit d'entrer le soir même dans les salons et d'essuyer, le sourire aux lèvres, la corvée des présentations à une légion de figures inconnues qu'il ne se rappellera pas le lendemain.

Dans les cercles où l'élection s'opère par voie de suffrage universel, voici comme on procède. Prenons pour type le Jockey-Club.

La première formalité à laquelle sont assujettis les parrains, c'est l'inscription du nom de leur candidat sur un registre *ad hoc,* accompagné de leur signature. Cette signature les engage. Ils sont en effet responsables de la cotisation et de l'entrée du candidat pour la première année. Or, l'entrée au Jockey-Club étant de 1,000 francs et la cotisation de 580 francs, on voit que la fantaisie d'un candidat reçu, déclarant ne pas vouloir faire partie du cercle, peut coûter cher à ses parrains. Hâtons-nous de dire que le cas ne s'est pas encore présenté.

Le mercredi qui suit l'inscription sur le registre, un tableau placé dans un salon du cercle porte à la connaissance des membres les noms du candidat et des deux parrains. L'inscription doit être faite le mercredi avant cinq heures, attendu que le nom du candidat doit être affiché pendant trois jours francs et que le vote a lieu tous les samedis, du 1er janvier au 1er juillet.

C'est dans la grande galerie, dont les fenêtres prennent jour sur la cour de la rue Scribe, qu'a lieu ce vote.

On ne se tient pas d'ordinaire dans cette vaste salle dont l'aspect est imposant et qui est ornée de jolis tableaux de sport accrochés sur d'immenses panneaux et que le cercle tient de la libéralité d'un de ses membres, le général Davesiés de Pontès.

Et maintenant, pour plus de facilité, suivons le membre qui va voter. En entrant dans la galerie il trouve à sa droite le bureau du secrétaire qui, en le voyant, inscrit immédiatement son nom. Pendant cette opération, il est déjà amicalement harponné par les parrains qui lui détaillent les mérites du candidat ou qui se bornent à la simple pression de mains qui veut dire :

— Je compte sur vous.

Après avoir fait une réponse formelle ou évasive, l'électeur se dirige vers un paravent au seuil duquel se tient un magnifique valet de pied immobile, qui lui remet une fiche sur laquelle est inscrit le nom du candidat. C'est derrière le paravent que s'opère le mystère du scrutin, un vrai scrutin secret. C'est là que l'électeur, absolument isolé, trouve une urne placée sur un tabouret. Cette urne, au-dessus de laquelle est inscrit le nom du candidat sur un carton, est percée de deux trous, l'un pour le oui, l'autre pour le non. L'électeur place dans un de ces trous, selon sa convenance, la fiche qui lui a été remise par le valet de pied, et le tour est joué.

Il ne reste plus qu'à procéder au dépouillement.

Ce n'est pas toujours une mince affaire. On cite un jour où il ne s'est pas produit moins de quatorze candidatures. Donc quatorze urnes, quatorze paravents et, entre parenthèses, quatorze valets de pied décoratifs entre les paravents. Mais il y a des procédés expéditifs qui simplifient la chose. Comme on sait le nombre des votants par le secrétaire, et que, d'autre part, on tient compte de ce qu'une boule noire en annule six blanches, le calcul n'est pas long à faire. Ce sont deux commissaires, membres du comité, qui pratiquent ce petit travail. En cas d'encombrement de candidatures, ils s'adjoignent un troisième membre. Le dépouillement se fait derrière le paravent, et c'est de là qu'on annonce à haute voix le résultat aux parrains et aux curieux.

Quelle est, dans les cercles, la proportion des ajournés? Elle est très mince. A peine un sur dix, en moyenne, vous répondra la statistique. Cela tient à ce que les parrains ont eu tout le temps, pendant leur campagne, de se rendre compte des dispositions hostiles et de ne pas laisser afficher le nom de leur candidat. Aussi un ajournement n'en est-il que plus mortifiant. On a vu des blackboulés quitter Paris et ne pas oser s'y remontrer d'un an. On en a vu — des étrangers — essayer de mettre en branle leurs ambassades qui se sont tenues, d'ailleurs, sur une prudente réserve. Mais les plus sages se consolent à l'idée de guetter une occasion plus propice. Tout arrive. Je pourrais vous citer le nom d'un candidat patient qui fait aujourd'hui partie d'un de nos grands cercles, après avoir essuyé huit blackboulages successifs. Son élection a été un prix de persévérance bien gagné.

XX

LA CHASSE A TIR

A L'ARRIVÉE des trains du soir, les ga-
res de Fontainebleau, de Rambouillet
et d'autres localités moins haut cotées dans
la hiérarchie cynégétique s'emplissent de
bruit et de joyeux va-et-vient. Souvent
jusqu'à dix ou vingt landaus, superbement
attelés, sont rangés le long des abords de
la gare. Les femmes — car il n'y a pas de
brillantes parties de chasse sans le sexe
auquel on doit Diane — sont aussi bien
cachées dans leurs voiles de gaze et leurs

grandes pelisses de loutre que des Algériennes dans leurs haïks. Les sportsmen sont vêtus de carreaux plus ou moins invraisemblables.

En un instant, le trottoir se transforme en succursale du Bazar du voyage, — toutes les formes nouvelles de nécessaires, sacs, boîtes à cartouches, étuis à fusils s'amoncellent en pile. Les valets de chambre confondent le butin de leurs maîtres respectifs. Enfin tout se trie, on a reconnu les équipages de ses hôtes, on se fait des politesses pour monter dans les voitures; puis, en route!

La monotonie du chemin est égayée par des racontars de chasse naturellement. Ceux qui sont déjà venus font la leçon aux nouveaux invités, désignent les couverts en passant, indiquent les meilleurs cantons.

Laissons-les se préparer par un bon sommeil aux divertissantes fatigues de demain, et jetons un coup d'œil sur ce qu'il a fallu à leur aimable hôte d'esprit d'organisation doublé d'un bon livret de chèques pour assurer à ses invités une royale journée de chasse.

Pour réaliser un ensemble permettant de chasser régulièrement toute la saison, il faut pouvoir disposer d'environ deux mille hectares.

Le prix des locations de chasse, dans les environs de Paris, est essentiellement variable. Trop souvent le petit propriétaire rural se fait payer cher la convenance de sa proximité, et trouve moyen, à force d'instances insupportables, de se faire acheter son lopin un bon tiers au-dessus de sa valeur. Dans ce cas, il faut se résigner promptement. C'est le meilleur parti à prendre.

Une fois le terrain obtenu, le choix d'un bon garde-chasse est la première nécessité qui s'impose.

En règle générale, il faut préférer le garde qui a été élevé sur la terre, la connaît, l'aime, se rend compte de son terrain par habitude et par pratique.

Sept ou huit gardes sont placés sous ses ordres. Ils habitent de jolies maisons aux enclos entourés de murs, disséminées sur la propriété. On choisit de préférence des emplacements isolés, situés à mi-côte, de manière à obtenir un terrain favorable à l'élevage.

L'ÉLEVAGE DU GIBIER

Il faut lâcher de deux mille à deux mille cinq cents perdreaux pour pouvoir chasser une ou deux fois par semaine, en septembre, en octobre, et laisser encore de quoi assurer la reproduction.

Les œufs de perdrix viennent d'Angleterre et de Bohême. Des boîtes d'une forme basse et allongée reçoivent chacune une poule couveuse avec treize œufs. Les perdreaux éclosent dans la première quin-

zaine de juin et sont lâchés vers la fin d'août.
Alors encore il faut pourvoir à leur nourriture. Cela se fait au-moyen de champs
entiers de sarrasin que l'on ne récolte point
et qui donnent aux compagnies à la fois le
vivre et le couvert.

L'élevage du faisan, qui assure le sort de
l'arrière-saison, est d'une pratique plus
aisée, d'un résultat plus assuré d'avance.

Il se fait à la faisanderie, vaste établissement pour lequel on choisit un terrain
sec, abrité du vent du nord par des plantations. Les œufs de faisan viennent d'Angleterre. Les dindes, les meilleures mères
de famille de la gent emplumée, en couvent
vingt-trois à la fois, et on lâche les élèves
au fur et à mesure des besoins de la
chasse.

L'élevage est pratiqué sur une grande
échelle par les gardes, les femmes et leurs
enfants. La prime proportionnelle accordée
au succès de leurs élèves est pour les
gardes un appoint sérieux de leur gage fixe

qui est de mille à douze cents francs par
an.

LA JOURNÉE DE CHASSE

Le jour s'est levé. S'il s'est mal levé, si
le temps est à la pluie où au vent, c'est le
maître de la maison qui est le plus désolé de
ces pronostics défavorables. Songez donc !
Si l'on est menacé de voir « au tableau »
quatre pinsons et un émouchet, quelle
déconvenue vis-à-vis des invités; quelle
cuisante humiliation vis-à-vis des voisins !

Les chasseurs déjeunent entre eux à
neuf heures. La maîtresse de la maison ne
paraît pas plus que ses invitées, qui déjeunent avec elle à l'heure ordinaire — midi.
Deux ou trois grands breaks sont attelés
et l'on fait trêve aux plaisirs de la table,
de façon à se mettre en ligne vers dix
heures, pour la première battue.

Plusieurs jours à l'avance, on a tracé le

plan de la journée. C'est pour le maître l'affaire d'un quart d'heure de conférence avec le garde-chef.

Des claies sont dressées le long de la ligne à tous les postes pour abriter les tireurs. Chacun est suivi d'un garde et souvent de son valet de chambre pour porter et recharger ses fusils. Quand chaque tireur est placé, silence sur toute la ligne. Les rabatteurs se sont mis en marche et chassent le gibier devant eux. Ils ont un mouchoir blanc au bout de leur bâton. Au premier perdreau qui prend son vol, un coup de trompette du garde-chef donne le signal et alors on s'appelle sur toute la ligne, on se prévient et le feu ouvre.

Chaque garde a un chien pour rapporter les pièces qui tombent trop loin. On ne le lâche qu'à la fin de la battue. Il n'est pas rare de voir passer une vingtaine de perdreaux à son poste et, dans les grands tirés des environs de Paris, on les tire aussi vite que l'on peut recharger.

Vers trois heures, un lunch réunit les chasseurs dans une maison de garde. Souvent les femmes viennent assister à ce repas, ainsi qu'à la battue qui le suit immédiatement.

Quelques-unes sont elles-mêmes fanatiques de ce sport, endossent un petit complet approprié, des *knicker-bockers,* un petit chapeau d'homme, et font les journées les plus dures avec un entrain et un plaisir parfaits. Il faut chercher dans les plus grands noms de l'aristocratie, dans les plus répandus du *high life* pour trouver les femmes les plus célèbres dans les annales du sport. Elles sont quatre ou cinq tout au plus, mais dans le nombre se trouvent deux des plus fins fusils, des plus cités dans ces réunions pour leurs succès au tableau. Nous ne les nommerons pas.

Mais nous pouvons être moins discret vis-à-vis du sexe fort. Aujourd'hui, le tireur dont la suprématie est le plus universellement reconnue est un Anglais, lord de Grey. Il n'est pas rare de lui voir faire coup double en avant et coup double en arrière. Parmi les fusils français les plus fins on peut citer le marquis du Lau, le marquis de Breteuil, le vicomte de Quélen.

LE TABLEAU

Le jour baisse, — les voitures attendent dans un endroit désigné, — on rentre au château, — et l'on y arrive pour trouver les gardes disposant le gibier symétriquement sur une pelouse.

Dix par dix — poils et plumes séparés, — cela s'appelle le tableau.

Dans certaines chasses ultra-renommées on pourrait appeler ce tableau un parterre. Souvent avec quelque 1,400 faisans, deux ou trois cents lapins, perdreaux et divers, il couvre l'espace d'un jardinet.

Il n'est pas de bon goût, pour un chasseur, de se targuer du nombre de pièces qu'il a mises à bas. La narration de sa journée doit toujours se terminer ainsi : *Nous* avons tué... Chez le prince de Galles, on ne mentionne au tableau que le total général. Quant aux bourriches, elles sont envoyées au domicile des invités.

LA SOIRÉE

On dîne à huit heures. Les soirées, animées par des jeux, des discussions, des conversations d'un attrait plus pénétrant et discret, se prolongent. Les maîtres de maison surtout, si la réussite de la journée a dépassé leurs espérances, se prodiguent et font rayonner leur contentement sur leurs invités, et l'on ne se sépare que tard, enchantés les uns des autres.

Dès le lendemain, la bande d'invités, bénissante et bénie, s'en retourne à Paris.

LES CHASSES EN ACTION

Comme organisation générale, les chasses en actions se rapprochent beaucoup de celles que nous venons de décrire. Les grandes chasses en actions, celle de Clairefontaine, par exemple, près de Rambouillet, reviennent en moyenne, à chaque actionnaire, à six ou huit mille francs. Elles exigent généralement de cinq à six gardes. Le plus souvent tout le gibier est vendu.

XXI

LA CHASSE A COURRE

Nous ne vous referons pas la description cent fois faite d'une journée de chasse depuis le lancer jusqu'à l'hallali, ces sortes de récits traînant un peu partout. Nous nous bornerons à indiquer comment est organisé aujourd'hui ce sport qui a des traditions si françaises.

Rien de plus simple au monde que de chasser à courre. Il s'agit d'acheter un équipage et de le payer d'après ses états de service. Un bon équipage de chevreuil

chasse deux fois par semaine ; quand il a
pris une cinquantaine de fois dans la saison,
ses preuves sont faites. Il compte environ
soixante chiens couplés, ce qui en exige
une centaine en réalité, si l'on compte, par
exemple, les chiennes hors d'âge gardées
pour la reproduction. L'excellence d'un
équipage dépend beaucoup des croisements
intelligents qui multiplient les qualités phy-
siques et morales, oui, morales, des chiens
de tête. L'atavisme se perpétue très bien
dans cette race. Il existe des dynasties
d'élite et des noms de chiens qui se trans-
mettent de génération en génération.

Les chiens de meute coûtent environ
vingt-cinq francs par tête pour leur nourriture. Ils mangent, une fois par jour, une
soupe confectionnée par les valets de
chiens et deux fois par semaine de la
viande de cheval crue, pendant la chasse.
Leur repas a son cérémonial. La porte du
chenil est fermée pendant que la nourriture est disposée dans des auges. Quand

tout est prêt, le piqueur en chef se place au milieu de la cour, en face de la porte, les valets de chiens autour de lui. L'un d'eux ouvre la porte. Le piqueur tient le fouet et crie :

— Au banc !

Alors tous les chiens s'y précipitent, mais restent là affamés, immobiles.

Le piqueur appelle le chien de tête. Ce chien descend et reste sur place, attendant.

— Au banc ! répète le piqueur.

Puis il baisse son fouet, et la meute se rue sur les victuailles. Si, pendant cette attente, un jeune chien s'impatiente et désobéit, les valets de chiens le punissent. Ce qui souvent fait gros cœur au piqueur.

Car il aime passionnément ses chiens, le piqueur (lisez *piqueux*). Il garde ses sévérités pour ses chevaux et les valets de chiens. Du reste, encore une race qui s'en va, le piqueux, avec les souvenirs de la vénerie royale, avec les traditions d'un temps où le métier se faisait moins par routine que par vocation.

Un équipage use généralement quatre ou cinq chevaux par an. Dans les pays faciles des « claquettes », de pur-sang sont préférables; dans les pays doux comme l'Anjou, la Vendée, il faut les acheter sur place. Ils sautent les obstacles de pied ferme et grimpent aux talus comme des chats.

Voilà pour l'organisation générale. Notons maintenant au passage quelques règles qui ne sont pas toujours observées en chasse. Ainsi le vrai bon ton, c'est d'avoir un habit rouge accusant de loyaux services et une cape à l'avenant. Pas d'éperons ou, si l'on en a, ils doivent être à mollette ronde. Un invité ne doit jamais avoir une mèche à son fouet. C'est réservé au maître d'équipage. Quand le cerf est à l'eau, le maître d'équipage doit offrir son couteau de chasse à un invité pour aller daguer le cerf. On doit toujours frapper la bête en face. C'est le comble du ridicule de laisser le cerf abuser de l'état de représailles.

Parmi les grandes chasse à courre aujourd'hui disparues, une de celles qui méritent le plus de fixer le souvenir, c'est celle de la Gaudinière qui appartenait au duc de Doudeauville. L'équipage de la Gaudinière comptait cent cinquante chiens couplés, plus les bassets pour courre le lièvre, et chassait à Fretteval et à Marchenoir, biens restés dans la maison de Montmorency depuis Philippe-Auguste et dont héritèrent les Luynes et les La Rochefoucauld à la mort de la duchesse de Montmorency.

Un piqueur en chef et douze subordonnés étaient attachés à l'équipage. Ils sonnaient les honneurs aux invités dès que les derniers, à peine arrivés au château s'étaient rangés symétriquement dans la cour.

Très nombreux étaient les seigneurs admis à l'honneur du bouton et, par conséquent, autorisés à porter l'uniforme des chasses. Cet uniforme était rouge et la culotte bleu foncé; le galon de vénerie Rallye Fretteval Marchenoir sur les boutons; le gilet chamois. Les femmes portaient l'habit et le tricorne, même celles qui montaient en voiture. Une demi-daumont toujours attelée suivait partout.

Et le soir des jours de chasse, quelle animation pittoresque! La maison était en grande livrée. Les invités portaient l'habit rouge et la culotte courte et souvent la curée se faisait aux flambeaux dans la cour du château. Tout le personnel y assistait. Les valets de pied, rangés en demi-cercle, tenaient des torches de résine. Les piqueurs sonnaient la Doudeauville, les honneurs, puis la curée, ensemble et en parties. Puis, sur un signal, le piqueur en chef, qu'on appelait l'*Andouiller*, soulevait la peau du cerf, dépecé préalablement par morceaux et la meute se précipitait sur sa proie.

Ce l'Andouiller était un piqueur de la tradition. Il avait chassé « avec » le prince de Condé, disait-il, pour expliquer qu'il avait été valet de chiens à Saint-Leu. La vénerie crée une égalité. Le jour de la Saint-Hubert, il entrait le soir dans la salle à manger, en grande tenue, au dessert. On lui apportait un verre et il portait la santé de ses maîtres et de leurs hôtes en ces termes :

— Messieurs, je vous souhaite d'avoir toujours de jeunes femmes, de vieux chiens, de jeunes cerfs, de vieux vins et de vieux piqueurs.

Il faisait ensuite le tour de la table avec un plat d'argent sur lequel était posé le pied du cerf pris dans la journée, et chaque convive y mettait un louis.

Mais la Gaudinière, ce sont les neiges d'antan. Aujourd'hui, c'est principalement dans l'Ouest que se sont conservées les vieilles règles de la vénerie. L'équipage de M. de Baudry d'Asson, composé de superbes bâtards vendéens à manteau noir, a des merveilles dans ses états de service. L'équipage de Chassenon, au baron de Larcinty, est également de premier ordre.

Mais quelle vie que celle de chasseur de la Vendée! Le pays est très dur, coupé de talus, de petites rivières, de barrières fixes. Est-ce précisément cette difficulté à surmonter qui fait que, là-bas, la chasse à courre est une vraie passion? Tel ou tel gentilhomme de Bretagne ou d'Anjou y consacre le plus clair de ses revenus. Il a deux ou trois chevaux, généralement « fusillés » de partout, et met toute son ambition à « marcher », c'est le terme consacré. Il part joyeux dans la bruine piquante du matin, saute une quinzaine de barrières fixes, prend trois quarts de bains dans différents ruisseaux, couronne souvent sa journée par cinq lieues de retraite dans la pluie et se couche pour rêver qu'il a pris un loup.

La prise d'un loup, c'est la « chasse au

chastre » dé l'Ouest. Il y a quelque vingt ans, le duc de Beaufort vint d'Angleterre en Poitou avec ses *boods-hounds* pour tenter l'aventure. Il y perdit un gros pari engagé et repassa la Manche, bredouillé.

A l'heure actuelle dans les environs de Paris, le lieu consacré à la grande vénerie, c'est Rambouillet où chasse l'équipage de Bonnelles appartenant à la duchesse d'Uzès. Parmi les assidus, deux fois par semaine, notons le duc de la Trémoille, le comte de Caraman, le comte de Gramont d'Aster, le peintre Jacquet. On déjeune à Bonnelles à dix heures. La duchesse fait presque toujours le bois avec son fils. Ses filles suivent la chasse, malmenant de leur mieux leurs poneys. Parmi les invités notons aussi beaucoup d'officiers des garnisons voisines.

L'équipage est superbe, des chiens de pur sang que tout le monde a pu admirer à l'Exposition canine. Pendant la chasse, on entend force bruit de trompette et de sifflets d'appel. Cela fait si bien sous les halliers !

Les jours de congé, irruption d'une bande adorable de gamins blonds, bruns, frisés, qui s'appellent Noailles, Mouchy, Le Gonidec, Juigné, Castellane, La Rochefoucauld, Brissac. Tous passionnés pour la chasse, ces enfants, qui, devenus des hommes, maintiendront, il faut l'espérer, ce qui nous reste d'une science et d'un art autrefois si fort en honneur chez leurs ancêtres.

XXII

LES

DISTRACTIONS AU CHATEAU

LA vie de château a été plaisamment définie par un auteur anglais : « Une succession de déjeuners, variés seulement par les robes des femmes. »

Il existe heureusement en France d'autres façons de rompre la monotonie de la vie rurale.

Nous avons déjà parlé de la chasse sous ses divers aspects. Or il y a moyen de tuer le temps sans tuer le gibier de ses hôtes. Qu'on en juge d'après cette rapide esquisse d'une journée d'automne à la campagne.

La journée commence à midi, sauf pour les gens qui aiment la promenade à cheval, le matin. Avant cette heure, si un rideau s'entr'ouvre pour exhiber aux flâneurs du parc une jolie tête ébouriflée, les élégances fantaisistes de la robe de chambre, descendante directe d'un déshabillé coquet, il est de très bon goût de voir sans regarder et de n'utiliser sa découverte que dans un aparté plein de discrétion.

Au déjeuner, on discute les plans de la journée. La ressource capitale, toujours en dehors de la chasse, c'est la promenade. Heureux les châtelains qui disposent de quelque curiosité vraiment curieuse pour en faire honneur à leurs invités, une abbaye en ruines, un château historique, une forêt célèbre. Donnez largement une bonne heure aux dames pour mettre leur chapeau.

A deux heures, en route! La société, savamment distribuée dans les différentes voitures, part à la découverte avec le vague sentiment du devoir à accomplir. Souvent on s'arrête en chemin pour déballer et manger le goûter contenu dans les paniers. Les délicats allument du feu, accrochent une bouilloire à des branches croisées et confectionnent un thé qui sent un peu la fumée. Le vent poudre tout le monde de cendres; n'importe, c'est prévu. C'est si bon pour les ultra-civilisés qu'une façon de retour momentané à l'état de nos premiers pères !

On change, pour le retour, la distribution des places. Ceux qui ont été trop contents le seront moins et les maltraités auront leur tour. En approchant de la maison, il se fait des silences dans les voitures; on commence à s'être tout dit.

Au fond, le sport promenade est moins goûté que les exercices plus violents. C'est pour cela que la paume ou le *lawn-tennis* ont

18.

pris si rapidement faveur chez une génération vouée au culte du muscle. Pour la paume, un local spécial doit être aménagé, un peu sur le patron du fameux jeu de Paume du château de Fontainebleau et de celui où l'illustre Biboche professe pour les assidus des Tuileries. Quant au *lawn-tennis*, son nom anglais suffit pour lui assurer chaque année plus de vogue. On nous épargnera d'en refaire la description tant de fois faite. Bornons-nous à dire que les fanatiques de ce jeu déclarent qu'on ne s'y amuse réellement que si l'on pratique toujours les mêmes partners, et qu'ils prônent pour les partners femmes l'emploi du jersey, quoique, ou plutôt parce que ce costume oblige le beau sexe à d'indiscrètes confessions.

Le jour baisse. Les femmes rentrent dans leurs appartements pour se préparer aux nouvelles fatigues de la soirée et laissent les hommes se réunir au fumoir pour y faire un besigue ou un whist. Les femmes

intelligentes savent en effet que l'animal
masculin a un goût marqué pour les ta-
nières exclusives et qu'il est de bonne politique, pour l'harmonie de l'après-dîner,
de le laisser savourer en paix son cigare,
— si ce n'est que cela — la dame de
pique et les racontars du club dont il est
exilé.

Généralement on dîne à sept heures et
demie ou même à huit heures. Une fois le
dîner terminé, que faire pendant les trois
ou quatre longues heures qui précèdent
l'instant de la retraite ? Ingénieuse maîtresse
de maison, fouettez votre imagination. Si
l'on est assez nombreux, en adjoignant à
son monde l'amalgame parfois bigarré des
voisins du cru, quelqu'un se dévoue, se met
au piano et l'on danse.

Ce qu'il y a de mieux alors, c'est d'im-
proviser un cotillon. On prend les fleurs
des vases, on envoie chercher quelques
rubans, voilà les accessoires tout trouvés,
et l'aimable liberté champêtre permet de

risquer quelques pas qui effarouchent quelquefois la douairière et la font rire encore
plus souvent.

XXIII

LA VIE ANGLAISE

LES Anglaises sont très illettrées, la vie de sport ayant nui à leur culture intellectuelle. Elles savent à peine écrire une lettre et se bornent à griffonner d'une énorme écriture quatre ou cinq lignes.

En revanche, elles sont très ferrées sur les questions de blason et sur les mille et une chinoiseries des préséances. On sait que la préséance à Londres est réglée par le *peerage*. Une femme de dix-sept ans passera avant une de quatre-vingts, si elle est avant elle dans son rang à la cour.

La princesse de Galles a beaucoup civilisé les Anglaises, elle est très aimée; intelligente, elle a quelquefois des mots heureux. Un jour, on lui disait : « Votre Altesse parle toutes les langues : allemand, anglais, français. — Et pense en danois », a-t-elle interrompu.

Quand elle est venue pour la dernière fois à Paris non incognito, lord Lyons a donné un grand bal pour elle. Elle a été un peu choquée de ce que les Françaises ne se faisaient pas assez présenter et se bornaient, surtout les femmes du gratin du faubourg, à la regarder curieusement. Elle s'habille chez Fromont et Redfern, bien mieux le soir que le jour. Elle boite le plus gracieusement du monde.

Le prince de Galles est très éclectique en fait de politique, plutôt libéral. Il est très aimable et assez spirituel; il aime à donner des surnoms. Il mange d'une manière effarouchante. Il a, à Sandrigham, trois cuisiniers, un russe, un français et un anglais, et se fait faire chaque jour trois dîners de plats toujours nouveaux. Aussi ces artistes à bout d'imagination les débaptisent quand ils ne peuvent plus les changer.

Deux fois par an, le prince et la princesse invitent des séries à Sandrigham pour leurs fêtes respectives. Le prince a un Highlander qui le suit partout, et il fait jouer du pibroch pendant les repas.

Tous les soirs, il veille au fumoir jusqu'au matin.

Aux séries, le prince et la princesse n'invitent qu'une dizaine de femmes et une quinzaine d'hommes. C'est en automne, et on chasse tous les jours à tir. Les femmes doivent être décolletées, en grande tenue tous les soirs.

La reine vit dans la retraite la plus absolue. Elle est très collet monté et fait une police sévère contre l'invasion des mœurs et modes nouvelles. Une fois le prince de Galles voulait faire entrer Isabelle, la bouquetière du Jockey, dans la tribune royale. Elle a envoyé lord Cork le lui défendre.

Quand on va en Angleterre avec quelques « introductions », c'est-à-dire connaissant quelques Anglais, on est reçu admirablement, invité partout, fêté et accueilli avec une extrême amabilité. Faute de cela, vous seriez M. de Montmorency, que personne ne ferait attention à vous. On respecte votre incognito. Un dernier détail. Le monde diplomatique ne s'amalgame pas, comme en France, avec la société. Il vit à part et s'ennuie. C'est pourquoi on a longtemps envoyé à Londres un ambassadeur de France ayant des parentés avec l'aristocratie anglaise : le duc de Bisaccia, par les Gramont (lord Tankerville a épousé une Gramont et les ducs de Gramont des Anglaises à deux générations); M. d'Harcourt, cousin de lord Harcourt; M. de Jarnac, etc.

La vie de château en Angleterre a un caractère moins intime et plus fastueux qu'en France. Cela tient d'abord à ce que l'aristocratie anglaise est plus riche et mène sa grande existence à la campagne. Les hôtels sont très rares à Londres. Sauf les Grosvenor (Sutherland), les Westminster, les Marlborough, le duc de Norfolk et quelques autres que l'on pourrait citer, l'aristocratie anglaise se contente de jouir à Londres d'installations très mesquines. L'ambassade de France est une fort petite maison, et l'on est si coutumier de la chose que, sans hésiter, on invite à son rout trois fois plus de monde que les salons n'en peuvent tenir, et que la réception se tient pour une bonne part sur l'escalier.

L'amitié et la parenté ne comptent pas pour grand'chose dans la société anglaise. Les hommes ont la camaraderie de l'armée, du sport et du club entre eux ; mais, une fois mariés, le *home* se concentre entre les parents et les enfants. Il est même rare que les frères et sœurs, une fois mariés, restent très liés entre eux; — passé les cousins germains, on ne fait plus aucune attention à la parenté.

Les femmes anglaises, bien que peu instruites, comme je viens de le dire, sont généralement pratiques, intelligentes, équilibrées, mais avec une nuance de brutalité dans leur manière de faire, surtout en matière de sentiment. Endiguées par les convenances froides de leur éducation, une fois la barrière franchie, elles sont excessives, dans leur ignorance absolue de l'art des mœurs. Il existe à Londres ce qu'on appelle le *rapid set*, une réunion de jeunes femmes dont les faits et discours alimentent la chronique badine, — et la société les accepte. Il faut un cas tout à fait exceptionnel pour que quelque membre devienne définitivement un *black-sheep*, brebis noire. Il faut pour cela avoir lassé terriblement la patience de la vindicte publique.

Entre femmes, l'amitié existe peu, pure

camaraderie d'amusement, de sport pour la plupart. Cependant presque toutes usent entre elles de leur petit nom, les diminutifs : Annie, Minnie, Lisy, Laurie, sont très usités. Les femmes signent toutes leurs lettres, même adressées à des hommes, par leur petit nom avec le titre de leur mari.

Ainsi la femme du duc de Marlborough signera : « Jenny Marlborough. »

La vie de château se ressent de ces différences. Les maîtresses de maison y tiennent moins de place, il n'y a pas une femme du monde capable d'être l'âme d'une réunion. Elles s'occupent peu de leur maison. Une *house-keeper* la mène, achète les provisions, gronde les domestiques et fait les comptes. Il y a une nuée de femmes de service, *house-maids, chamber-maids, kitchen-maids*, etc., un cuisinier français, payé un pont d'or, et, selon l'importance de l'établissement, une, deux, trois paires de valets de pied ; on les appareille de taille et d'apparence ; et on les appelle *match footmen*.

Il y a de plus un *butler* ou maître d'hôtel et les *upper servants*, c'est-à-dire le valet de chambre et la femme de chambre. Le maître d'hôtel, la *house-keeper* et le cuisinier mangent séparément dans une petite pièce qui se nomme *the house-keepers room* et qui est le buen retiro de ces fonctionnaires privilégiés. Les valets de pied ne font que se brosser, s'astiquer et paraître. Le vrai service est fait par des femmes. On est invité dans les châteaux par séries, et l'on vous désigne le jour d'arrivée comme celui du départ.

Le mobilier des chambres est peu artistique, mais très confortable.

On s'occupe assez peu de vous; il y a toujours cependant, toutes les après-midi, « something going on », c'est-à-dire quelque divertissement arrangé; — libre à vous d'y prendre part. La conversation est plus bruyante que spirituelle, le *fun* n'est vraiment pas très drôle.

Ce qui est typique des Anglais de grande

tente, c'est qu'ils ont une philosophie très grande à l'endroit des aises de la vie et de la fortune. Ils sont si habitués à voir beaucoup des leurs n'ayant rien côtoyer les grandes existences de leurs aînés que cela leur semble tout simple de n'avoir « not a penny to bless himself with », et les hommes comme les femmes sont très braves et très gais dans la privation.

Autre chose, — la conversation de l'aristocratie et celle des gens du commun, même de la classe aisée, ne se ressemblent pas le moins du monde. Il y a une façon de jouer en virtuose de cette langue ingrate et riche. Elle consiste dans des expressions pittoresques, une hardiesse de constructions, un choix sévère des mots employés. Cet art parfois défie la grammaire et choque le bon goût.

Pour voyager, les Anglais prennent un courrier et laissent chez eux tous leurs domestiques, sauf une seule femme de chambre. Les Anglaises ont bien moins de recherches et de minuties que les Françaises dans leur façon de s'habiller et de s'arranger; mais quand il s'en trouve une comme lady Dalhousie, comme lady Beresford, qui découvre le secret de la toilette, elles arrivent à des résultats merveilleux et sont idéalement bien habillées — rue de la Paix. J'en suis bien fâché pour les fidèles du « chic anglais » comme il se pratique en France depuis quelques années, mais les Anglaises élégantes ont horreur de tout ce qui est « mannish » et préconisent la grâce de l'ajustement avant tout.

En Angleterre, on gratifie largement le personnel des maisons où l'on séjourne. Pour une semaine, qui est le laps habituel de chaque série, un ménage donnera dix livres. Les célibataires sont tenus à beaucoup moins à proportion. En France, en donnant cent cinquante francs, — entre maison, gardes, écurie, — on sera, dans les châteaux que l'on visitera, traité en invité généreux, en seigneur opulent.

En Angleterre, les enfants ne paraissent guère. Ils vivent relégués dans leur *nursery*. Souvent ils restent à la campagne au lieu de venir à Londres pour la « season » comme leurs parents. Ils déjeunent et dînent à part avec leur *nurse*, qui est une personne importante dans la maison.

Jamais un enfant anglais n'a de nourrice, du moins il faut un cas exceptionnel; leurs mères les nourrissent jusqu'à six semaines, et ensuite ils vivent de lait et d'arrowroot variés. Ils sont vêtus plus que succinctement et souvent affamés par système. Aussi peuplent-ils Cannes et Menton. On leur donne un poney à cinq ans, et filles et garçons sont fanatiques de sport dès l'âge le plus tendre. Les délicats y restent, et ceux qui résistent font de « glorious young Britons ». Le ménage poli et indifférent, si commun en France, n'existe guère en Angleterre. Il n'est pas de milieu entre la plus stricte intimité ou l'éloignement le plus complet. C'est tout ou rien ; — mais le plus souvent, c'est *tout*, car le vil lucre et les convenances étant moins importants dans la conclusion des mariages, très souvent on s'aime, sinon on prend le parti de la sotte union qu'on a contractée, et nul ne s'en doute jamais.

XXIV

LES DEVOIRS RELIGIEUX

LES messes les plus fréquentées des gens
du monde sont dix heures à Sainte-
Clotilde, onze heures à Saint-Thomas
d'Aquin, une heure un quart, celle des retardataires, à Saint-Roch. Mais souvent
à la messe de huit heures de ces aristocratiques paroisses, on reconnaît dans la toilette simple réservée aux visites de pauvres,
confondue entre les rangs des gens de maison, des petits boutiquiers du quartier,
quelque raffinée mondaine remplissant sans

pose, sans emphase, les devoirs les plus élevés des chrétiens.

Pendant le carême, à chaque sortie, il
faut placer une visite dans une église; pendant la semaine sainte point de robes
voyantes, du gris, du noir perlé de jais et
le vendredi saint de même que le jour des
Morts, deuil véritable. A partir du dimanche de la Passion, plus de théâtres, plus de
soirées. On se rend aux offices du matin
à pied, sauf empêchement majeur, pour
laisser aux gens la faculté de s'y rendre.

Quand une maladie grave réclame l'administration des secours religieux à la maison,
on doit envoyer sa voiture chercher le
prêtre-porteur des sacrements. Le maître
de la maison doit aller le recevoir en bas
de l'escalier, et les gens de maison, prévenus, lui font cortège jusqu'à la chambre du
malade.

Enfin nombre de familles ont conservé
le pieux usage de faire bénir une installation nouvelle. Aussitôt qu'elle est complétée

on prévient le curé de la paroisse qui vient lui-même prononcer les bénédictions d'usage et que l'on prie ensuite à dîner.

Quand on reçoit un prince de l'Église sous son toit et qu'il y célèbre la messe, le maître de la maison doit la servir lui-même, et à son départ on réunit les gens de la maison pour qu'ils reçoivent sa bénédiction.

Un père dont le fils entre dans les Ordres lui sert sa première messe. Les châtelaines doivent assister aux offices de leur paroisse, messe et vêpres, et s'occuper de tout leur pouvoir à en rehausser l'éclat. Les soins d'hiver sont consacrés à broder des ornements, et souvent le modeste temple résonne des accents d'une voix dont les jouissances sont refusées aux mondains et prodiguées aux habitants des chaumières.

Il n'est pas besoin d'être une grande artiste pour accompagner sur l'harmonium le plain-chant, grand progrès sur le saxophone ou le serpent cher aux cœurs villageois, et, la veille des grandes fêtes, quelle plus jolie occupation que de dévaliser les serres, composer des bouquets et, aidée de la bonne sœur et du petit vicaire, faire autour de l'hôtel un vrai miracle des fleurs !

Le bon Dieu a assurément très bon goût ; cela se voit à ses œuvres, et cela doit lui plaire infiniment de voir l'expérience des salles de bal servir à la beauté de son culte. Attrape, Satan !

XXV

L'ART DE VIVRE

AVEC

TROIS CENT MILLE FRANCS DE RENTE

I L nous a semblé que les chapitres précédents comportaient un complément qui les résume. Aussi, avons-nous voulu terminer cette étude par un aperçu de la façon dont on comprend, au XIXe siècle, ce qu'on appelle la grande existence dans une vieille famille aristocratique dont la position de fortune se soit maintenue en dépit de

la loi de l'héritage, du *krach* et de l'avilisse-
ment du prix de location des fermes.

Pour les familles d'ancienne souche, le
principal établissement est à la campagne,
car la vie à la campagne, c'est encore de
la féodalité au petit pied ; mais, bien entendu, la possession d'un hôtel à Paris,
patrimonial s'il est situé au faubourg Saint-
Germain, acheté à beaux deniers comptants
s'il est placé autre part, est chose de rigueur.
L'aristocratie française n'est pas volontiers
locataire chez autrui.

Prenons, si vous le voulez bien, une famille qui possède un revenu de trois cent
mille francs, minimum. Défalquons tout de
suite de ce chiffre : 1° le chapitre des aumônes (charité bien ordonnée commence
par les-pauvres), que nous noterons pour
mémoire ; 2° le chapitre des réparations,
qu'on peut évaluer à vingt-cinq ou trente
mille francs. Quel sera l'emploi du surplus ?

C'est ce que nous allons essayé d'établir.

LE TRAIN DE MAISON

Le ménage en question devra avoir un cuisinier, un aide de cuisine, un maître d'hôtel, un valet de chambre, trois valets de pied, une femme de chambre, une lingère.

Le cuisinier est payé 1,200 francs par an. Ses comptes se montent à une somme variant de 2,000 à 2,500 francs par mois, dont il touche légitimement le 5 pour 100. Une maison, à Paris, coûte cinq francs par tête et par jour. C'est là le chiffre raisonnable. Dans ce chiffre est compris le livre du maître d'hôtel qui se monte à 800 ou 1,000 francs par mois; il touche également le 5 pour 100.

Le combustible ne figure ni sur les comptes du cuisinier, ni sur ceux du maître d'hôtel, mais sur ceux du concierge.

C'est ce dernier fonctionnaire qui est

chargé d'entretenir le calorifère, d'allumer le gaz, de signaler les réparations nécessaires, d'affranchir et de porter les lettres et dépêches ; les comptes sont de ce fait fort variables. Il est payé de 1,200 à 1,800 francs par an, lui et sa femme ; ils se nourrissent. Quand l'homme a balayé la cour, la porte cochère, fait reluire les aciers de la porte, chargé le calorifère, il doit se mettre en livrée. Il est habillé comme les valets de pied et reçoit le même contingent d'effets.

Quand il arrive des lettres et des dépêches, il doit les porter lui-même au destinataire. Aux maîtres, il les présente sur le plateau d'argent qui reste sur la table de l'antichambre. Les jours de grand dîner, il sert à table. Quand il vient un visiteur et que les gens sont à table, quelques maîtres exigent qu'il annonce.

Le valet de chambre est chargé du service personnel du maître et de la maîtresse. Faire leur chambre, répondre à leur sonnette le matin, etc. Dans l'après-midi il fait les commissions, le soir il sert à table, jamais à déjeuner ; il est payé, 100 francs par mois et il s'habille. Dans quelques rares maisons, le maître d'hôtel et le valet de chambre sont habillés les jours de gala en habit tabac d'Espagne, jabot de dentelles, culotte jaune et bas blancs. Dans ce cas, cette livrée leur est fournie et coûte environ 350 francs. Généralement, on les met en habit noir avec la culotte et les bas noirs, les souliers sans boucles,

Le maître d'hôtel n'est pas plus payé que le valet de chambre ; mais on lui donne souvent un habit noir complet, chaque année. Il s'occupe du service de la table, c'est le chef d'orchestre de la symphonie que constitue un grand dîner.

Il est responsable de l'argenterie. Quand elle est très considérable, il a une femme sous ses ordres ; il est très difficile de trouver une bonne argentière, elle se paye assez cher, de 60 à 80 francs. C'est indispensable quand on a une vaisselle plate dont l'usage est quotidien.

Chaque pièce doit être chaque jour soit brunie à l'agate, soit frottée au rouge anglais à perte d'haleine. Le dîner de six personnes représente ensuite quatre ou cinq heures de bon travail pour faire l'argenterie.

Le maître d'hôtel prépare les déjeuners du maître, mais il ne les porte pas.

Il commande aux valets de pied et les choisit, mais n'a pas le droit de renvoyer. En général, l'habillement de chaque valet de pied représentant tout près de 400 francs, ce serait ruineux.

La place de valet de pied est très lucrative pour ceux dont la taille et la tournure leur permettent d'aspirer aux bonnes places. On les paye jusqu'a 80 francs par mois et on leur donne tout, des chemises, des faux-cols, des gilets du matin, des bottes, des souliers, un habillement du matin par an, la livrée, deux pantalons de livrée par an, des culottes de panne noire et des bas de soie, sans oublier des cravates.

Un valet de pied bien tenu constitue à lui seul une dépense de plus de 3,000 francs par an. Mais dans toutes les maisons on n'est pas difficile à ce point. Cet ordre d'idée, comme celui des grandes voitures, demande l'irréprochable.

Une grande question dans les maisons est celle du vin. Le faubourg Saint-Germain n'en donne pas, cela fait une différence de 15 francs par mois, pour le séjour à Paris. Il est préférable d'en donner, même au point de vue de l'économie, et aussi à celui de l'humanité, car ces malheureux s'empoisonnent avec de la fuchsine. Les frais de maladie, les craquements dans le service, constituent une dépense de 1,000 francs par saison pour une très grande maison.

Un des valets de pied est chargé du service des enfants, un autre doit faire les lampes; ils se partagent les appartements, qui doivent tous être faits avant onze heures, excepté les chambres des maîtres qui se font pendant le déjeuner. A moins d'être très nombreux, on fait servir le moins de monde possible à déjeuner. Il y a même des maisons où le maître d'hôtel seul fait le service. Lorsque l'on n'est que deux, c'est très faisable ; mais l'usage est que les enfants, même tout petits, déjeunent à table. C'est ainsi qu'ils prennent leur principal repas. Les précepteurs et les gouvernantes mangent aussi à table avec les parents de leurs élèves, toutes les fois que leurs élèves y sont admis. On les sert avant eux. Les soirs de grands dîners, on les sert dans la salle d'étude, une heure avant. les deux school-rooms réunis.

La gouvernante est servie par la même femme de chambre que ses élèves. Le précepteur est quelquefois toléré par le domestique qui sert les garçons, — pas, toujours.

Chaque premier du mois, les comptes sont remis à la maîtresse de la maison; de même que les comptes d'écurie au maître. Les notes des fournisseurs importants sont remises en janvier et juillet. Les domestiques sont tous payés le 1ᵉʳ de chaque mois.

Le piqueur est chargé de payer ses subalternes.

Le précepteur et la gouvernante reçoivent leurs appointements par trimestre. Une gouvernante capable coûte de 2,500 à 3,000 francs. Un précepteur de 3,000 à 4,000 francs.

Les gens très comme il faut tiennent à être extrêmement polis et remplis d'égards pour ceux à qui ils confient leurs enfants, tout en se gardant bien de les associer en quoi que ce soit à leurs plaisirs. C'est de mauvais goût de mener à l'Opéra la gouvernante de ses filles, par exemple.

Lorsque la gouvernante sort en voiture avec ses élèves, on la met dans le fond, mais à gauche.

Quand un domestique est malade, le maître et la maîtresse doivent aller le voir tous les jours, le faire soigner comme soi-même. Quand on perd quelqu'un, chez soi, toute la famille va à son enterrement. Quand c'est un très vieux serviteur, le maître et la maîtresse figurent sur le billet. Un domestique retraité a de 400 à 600 francs de pension. On exige l'assistance à la messe le dimanche. On va aux mariages de ses domestiques quand ils sont anciens; le maître et la maîtresse aux places des parents.

L'ÉCURIE

Une écurie bien tenue coûte assez cher et demande beaucoup de surveillance. Le premier cocher ou piqueur est un personnage. Il gagne 2,500 francs par an et n'est pas nourri. On lui doit le logement pour lui et sa famille partout. À la campagne, en plus, il a des légumes et du bois, 100 francs d'étrennes, 50 francs à chaque voiture neuve. Il met un bouquet dedans, la première fois que l'on s'en sert, — invite à carreau. Il reçoit directement les ordres du maître et se considère comme très au-dessus du commun des domestiques. Il ne mène que sa maîtresse seule ou avec son maître ; jamais son maître seul ni les enfants.

Ce personnage a un second (c'est ainsi qu'on l'appelle), 70 francs par mois, nourri. Il le choisit et le renvoie à son gré.

En plus, il y a de deux ou trois *helpers* ou hommes à la journée. On les paye 130 francs par mois à Paris, on ne les nourrit ni ne les loge.

Souvent il y a en plus un groom pour suivre à cheval ou monter derrière les petits ducs. Très difficile à trouver, les grooms, car il les faut très bien tournés ; on les paye autant que le second.

Chaque homme habillé a deux livrées

complètes, coûtant chacune 300 à 350 francs ; mais on n'est pas obligé de les changer toutes deux chaque année. La neuve de l'année précédente fait le numéro deux de l'année courante. Un homme habillé reçoit donc au printemps, — c'est le moment du renouvellement — : une redingote, un gilet, deux pantalons, un pardessus, un gilet de travail, un habit du matin, deux chapeaux, six faux-cols, des bottes, des cravates. Il faut compter 500 francs pour le tout, et encore il faut que le piqueur soit soigneux lui-même et inspire cette vertu aux subalternes.

On peut faire suivre un coupé, une victoria par un homme d'écurie, le petit duc, le duc et le poney-chaise ne pouvant être menés autrement. Une calèche et un dorsay ne peuvent être menés que par un grand valet de pied irréprochablement tenu. Pour un service de Paris vraiment fait, il faut quatre carrossiers, au moins trois, deux autres chevaux de moins d'espèce pour le service de monsieur et le service de nuit, plus des poneys ou un stepper russe, ou un joli cob pour se promener le matin. C'est très toléré avant midi, mais ce sport doit être accompli très régulièrement, sinon l'on a des chevaux trop frais — ils n'ont naturellement pas d'autre emploi — et l'on obtient de beaux accidents. Le seul moyen pratique est de prendre un de ses carrossiers. Pour cela, il ne faut avoir que des chevaux russes, ce sont les seuls qui aient assez d'action et d'abatage pour une grande voiture et soient en même temps légers dans la main.

Une belle paire de chevaux coûte au-dessus de 15,000 francs jusqu'à 25,000 francs.

Notre ménage avec trois cent mille livres de rentes ne pourra guère avoir que ces sept chevaux à Paris, — peut-être le poney en plus. — L'écurie prise en bloc pour l'année avec les notes de sellier, de carrossier, de grainetier, de tailleur, reviendra à 20,000 francs par an, sans compter l'achat des chevaux et des voitures. Cela coûte au moins 60,000 francs de se monter. Les petites voitures font trois ans de service sans réparation; les grandes, quatre ou cinq ans. Dans toute écurie bien tenue, le coupé et la victoria sont remis entièrement à neuf tous les deux ou trois ans. Cela rentre dans la note annuelle du carrossier.

Il faut un tatillonnage constant pour avoir des voitures bien tenues. Aussi beaucoup de gens ont-ils mis bas leur établissement, et prennent-ils deux voitures chez un bon loueur. Le même service coûte 2,500 francs par mois, un peu plus quand il faut deux voitures le soir.

Le loueur se charge des réparations; le prix est le même ou à peu près.

L'usage est que la femme dispose d'abord des chevaux et voitures, — comme elle ne peut guère sortir autrement, c'est juste, — puis le mari, puis les enfants. Quand on est soucieux de sa progéniture, on l'envoie au bois de Boulogne tous les jours. On peut concilier cela avec le service du mari, moyennant un peu de combinaison.

Le plus souvent, l'organisation d'écurie qui sert à Paris sert également à la campagne; mais une partie y reste toute l'année, par exemple, les postiers et les poneys.

Si l'on habite un pays à voisinages éloignés, on peut avoir quatre juments menées par un postillon dans la livrée classique : veste courte à petits boutons, culotte en velours à côtes, bottes et une plaque aux armes de la maison au bras. Cette organisation dépend du régisseur et le confond généralement avec l'écurie des chevaux de travail; elle ne constitue pas une dépense énorme, attendu que les juments coûtent une moyenne de 1,500 francs l'une, et font également les charrois, les travaux du parc et du jardin, les courses de la ville. Le postillon a le charretier sous ses ordres, et ils peuvent à eux deux soigner et faire travailler six chevaux, ce qui est le nombre à peu près indispensable pour que le service soit bien fait.

On ne peut guère faire mener en poste qu'un landau; une victoria n'est bien que menée à l'allemande, c'est-à-dire le postillon à cheval. Un très grand break peut aller. Le vrai chic à présent est d'avoir deux couleurs pour ses voitures, noire ou bleu très foncé avec rechampis et filets aux couleurs de la maison, pour les grandes voitures, calèche et dorsay, qui ne quittent pas Paris.

A LA CAMPAGNE

PARC ET JARDINS

Il faut compter 8,000 francs par an de jardiniers et de fleurs. Impossible d'avoir un jardin à la française, un parc moyen, un peu tenu, un potager respectable, sans un premier jardinier recevant entre 1,200 et 1,500 francs de gages, un aide du métier recevant 1,000 francs, et trois journaliers au prix du pays.

Quand on ne nourrit pas son jardinier, suivant la coutume ordinaire, on lui donne 1,800 francs. Si on est un peu subtil, on trouve un père et un fils, — et le tout se paye entre 2,500 et 3,000 francs selon la capacité desdits sieurs; — généralement il est d'une notable économie et d'une bonne administration de prendre ses spécialistes très capables. Quand vous aurez compté une note longue comme le bras de pots de fleurs, de gloxinias pourprées, de cerfeuils bulbeux et de persils tuberculeux — un bon artiste veut être dans le mouvement — et les quelques douze cents journées que représentent vos trois journaliers, vous ne serez pas loin des 8,000 francs indiqués, — même en défalquant le prix des légumes vendus à la ville voisine, pendant l'absence des maîtres, chose qui se pratique partout, et qui est considérée comme très convenable. Se faire maraîcher, cela s'accepte à merveille.

Le département du jardinage est soumis à la juridiction du régisseur. Le jardinier lui rend des comptes qui figurent dans les feuilles de mois, sortes de relevés des comptes de la terre, qui se remettent le 1er de chaque mois au patron ou à la patronne; ce dernier cas arrive souvent. La Française aime à faire sonner ses clefs.

Le régisseur est, dans une habitation, un personnage important; mais cette importance varie suivant l'usage des pays. Il y a trois variétés :

Le régisseur premier garde.

Le régisseur maître-valet d'hôtel.

Le régisseur *monsieur*.

Le premier fonctionne quand toutes les terres sont louées, qu'il n'y a pas de faire-valoir attaché au château. Dans ce cas, il n'a sous sa juridiction que les jardins et le parc, la basse-cour, l'écurie des chevaux de travail, la surveillance des travaux d'entretien et de réparation, les ventes de bois.

Ledit fonctionnaire porté une blouse et des sabots, mais comparaît devant les maîtres en redingote et a droit à une poignée de main. On l'appelle généralement par son nom de baptême. Le jour de l'an, il se met à la tête de tout le personnel des employés, hommes et femmes, et vient présenter les vœux de chacun, en quelques mots bien sentis, au maître et à sa famille.

Il est d'usage qu'on lui réponde de même et qu'on lui remette les étrennes à distribuer.

A l'arrivée et au départ, même déploiement. Quand on a voyagé vingt-sept heures, c'est plein de gaieté d'en avoir pour vingt-cinq minutes sans monter son perron. Ces fonctions sont rétribuées 2,500 francs, sans indemnité de nourriture, mais avec facilité de prendre des légumes, du bois, etc., sur la terre.

Le régisseur maître-valet a le même

rang social. Il est généralement payé un peu plus, et il a des facilités infiniment plus grandes pour se charger la con-science.

Le faire-valoir est ordinairement calculé comme importance et étendue sur le train du château. Il doit fournir le foin, l'avoine, la paille des chevaux, le beurre, le lait, la crème de la consommation journalière, les œufs, les poulets, volailles, etc.

Le régisseur maître d'hôtel a également sous sa juridiction la serre, la ferme mo-dèle, la laiterie, l'étable, la basse-cour avec ses couveuses et ses gaveuses. Il doit s'oc-cuper de tous ces établissements. Il a le droit de renvoyer et de remplacer. De plus, il traite avec les marchands de bois... Ne pensons pas trop pour le moment au sep-tième commandement.

C'est sous sa surveillance également que le jardinier, le matin, avant que les appar-tements soient balayés, vient faire sa ronde et changer les fleurs qui se fanent. Le mieux est de présider soi-même une fois tous les quinze jours à cette opération.

Le jardinier apporte en même temps les corbeilles de fleurs qui doivent décorer la table au dîner et le soir vers sept heures, et arrive encore avec autant de petits paniers pleins de fleurs qu'il y a de femmes au château. Ces fleurs sont destinées à être mises dans les cheveux.

C'est un des journaliers, le plus souvent, qui cueille les légumes et les apporte aux différentes cuisines; celle du régisseur, celle des cochers, celle du jardinier.

Reste le régisseur monsieur. Celui-ci gagne 5,000 francs par an, tire vos lapins, fait étrangler un faisan à la basse-cour pour traiter un ami, met une rose à sa boutonnière, dîne deux fois au château pendant le séjour. Sa femme fait subrepticement copier les robes de sa maîtresse pendant qu'elles sont à la repasserie.

Les fonctions de ce personnage consistent à recueillir l'argent de son bon maître de sa poche droite pour le repasser dans la gauche, en en prélevant quelque peu. Il est rare qu'il fasse lui-même ses comptes. Il soudoie le premier en arithmétique parmi les écoliers du village, pour noircir ses feuilles de mois. C'est un métier lucratif.

LA TOILETTE DE MADAME

Posons en principe qu'une jeune femme peut très bien s'habiller, avec un ou deux enfants, pour quinze ou vingt mille francs par an. Mais il faut y mettre du soin et de l'adresse. Si on laisse ses robes à sa femme de chambre qui les vend à son profit, c'est bien le moins que de temps en temps elle vous confectionne les costumes faciles, pour toujours aller.

Ne croyez pas qu'à la campagne on s'habille beaucoup moins qu'à Paris. Il faut bien rompre la monotonie de la vie rurale par la variété des robes. Le matin, on va papoter dans les chambres les unes des autres, habillée en deuxième léger, le plus à dentelles possible. Pour midi, on s'habille en jockey. Pour le thé de cinq heures, on met une robe d'intérieur, le plus asiatique qu'il se peut ; les plus jolies sont coupées dans un châle de l'Inde, avec une profusion de valenciennes. Pour être bien, il faut que ce soit très juste à la taille, avec une bonne traîne. Très difficile à réussir. — Pour dîner, une robe courte, très ouverte. La campagne admet de la fantaisie dans les lignes de flottaison ; peu de dentelles sérieuses, pas de diamants sérieux, des perles et des fleurs vraies.

D'AUTRES DÉPENSES NÉCESSAIRES

Les grandes existences que nous venons d'esquisser comportent en outre certaines obligations, d'ailleurs douces, qui sont comme le complément nécessaire du rang qu'on occupe : une loge à l'année par exemple à l'Opéra, au Théâtre-Français et à l'Opéra-Comique : le mardi au Théâtre-Français et le samedi à l'Opéra-Comique. A l'Opéra, les grands privilégiés de la fortune gardent volontiers leur loge pour les trois jours de la location ; ce qui fait qu'à proprement parler, il n'y a pas à l'Opéra un des trois jours de location qui soit plus élégant que les autres. Soit dit en passant pour les innovateurs qui, depuis quelque temps, essayent de lancer exclusivement le vendredi.

Sur le chapitre des voyages à l'étranger, nous serons brefs. Les gens très riches voyagent très peu, axiome. Leur train de maison, tant à Paris qu'à la campagne, ne leur donne guère le temps de se déplacer. Quand ils le font, ils emmènent généralement très peu de gens de service avec eux. Le domestique en voyage, sauf le valet de chambre essentiel, sauf aussi la femme de chambre pour madame, est un monsieur gênant auquel il faut servir d'interprète et que le personnel des hôtels où l'on descend remplace avantageusement. Quant aux frais de voyage pour l'aristocratie française, ils sont tout naturellement grevés par l'impôt que prélève l'obséquiosité des employés, garçons, sommeliers, sur les mentions nobiliaires inscrites au livre de l'hôtel : « Mon titre, me disait un jour le duc de ***, me sert à payer double de pourboire partout où je vais. C'est même, ajouta-t-il mélancoliquement, le seul parti que j'en tire. »

Parlerons-nous du vêtement masculin ? Sur cette question tout le monde sait que les dépenses ne varient guère, même entre fortunes très inégales. On se fait faire dans l'année, qu'on ait cinq cent mille livres de rentes ou dix fois moins, à peu près le même nombre de costumes de fantaisie ou d'habits noirs. Ce n'est guère qu'un petit nombre de *swells*, et encore dans le jeune âge, qui dépensent cinq ou dix mille francs par an chez un tailleur anglais. Ce sont les mêmes qui envoient blanchir leur linge à Londres (ô prodige de l'anglomanie !); mais, en somme, le Français riche ne se ruine pas en toilettes, même en faisant entrer en ligne de compte les costumes de lawn-tennis et de tir aux pigeons.

Même observation au sujet de l'argent de poche. S'il coule aisément des doigts de tel et tel clubman guetté par le conseil judiciaire, il reste à l'état de quantité négligeable dans une maison tenue sur un grand pied. Comment le dépenserait-on, en effet, cet argent de poche ? En voitures ? On a la sienne, ou plutôt les siennes. Les dîners au restaurant ? C'est passé de mode et l'on mange tout aussi bien chez soi ou chez les gens de son rang qu'au cabaret A la table de baccara ? Dans ce cas l'argent de poche s'appelle argent de jeu et étant donné le taux des parties dans les clubs, l'argent de jeu se prend non sur le revenu, mais sur le capital. Au demeurant, observez bien une table de baccara dans un cercle élégant. Il est bien rare que ce soient les plus riches qui jouent le plus gros jeu, ce qui faisait dire au vieux comte D..., auquel on demandait si un jeune homme qu'il présentait au club était riche : « Je n'en sais rien, il joue. »

Nous avons fixé plus haut le chiffre de l'entretien, c'est-à-dire les réparations, le renouvellement du mobilier. Nous n'y comprenons pas, bien entendu, les caprices, la fantaisie, l'achat des objets d'art ou de bibelots. Cela, c'est le domaine de l'illimité, sur ce chapitre comme sur celui du jeu.

Il n'y a pas cinq personnes en France en état de faire des folies. Il est arrivé très bien au duc d'Aumale de refuser cent mille francs d'un tableau qui les vaut, et nous avons vu un Rothschild agité d'un tremblement nerveux à la suite d'une enchère de livres rares qu'il refusait de pousser par sagesse.

Comme conclusion de ce petit exposé,

on nous demandera peut-être combien de
ménages en France sont en état de mener
la vie que nous venons de retracer. Voici
notre réponse. S'il ne s'agit que de fixer
les fortunes de trois cent mille livres de
rente et au-dessus, c'est une affaire de statistique à établir. Mais, à première vue, il
nous semble bien qu'à l'heure actuelle, tout
ce qui reste de grandes familles en état de
calquer leur existence sur notre programme
tiendrait sur la pelouse d'un de leurs parcs.

TABLE DES MATIÈRES

		Pages.
PRÉFACE		1
I.	LES ENFANTS.	1
II.	L'ÉDUCATION DES ENFANTS	17
III.	PREMIÈRES COMMUNIONS	27
IV.	LE MARIAGE	33
V.	LA LUNE DE MIEL	45
VI.	COMMENT ON SE MEUBLE	53
VII.	LA JOURNÉE DE MADAME	69
VIII.	LE JOUR DE MADAME	77
IX	CHEZ LES AUTRES	81
X.	LA CHARITÉ MONDAINE ET LES AUMÔNES	87
XI.	LE GRAND DINER	99
XII.	LE BAL	121

		Pages.
XIII	LE BAL COSTUMÉ	131
XIV.	LA TENUE DU SOIR	141
XV.	LE FLIRT	145
XVI.	L'ARBRE DE NOËL	155
XVII.	LE GUIDE DES ÉTRENNES	159
XVIII.	AUTOUR DU DEUIL	167
XIX.	LE VOTE DANS LES CERCLES	177
XX.	LA CHASSE A TIR	185
XXI.	LA CHASSE A COURRE	197
XXII.	LES DISTRACTIONS AU CHATEAU	207
XXIII.	LA VIE ANGLAISE	213
XXIV.	L'ART DE VIVRE AVEC TROIS CENT MILLE LIVRES DE RENTE	229